올에이 우등생들의
똑똑한 공부 습관

HOW TO BECOME A STRAIGHT- A STUDENT

올에이 우등생들의 똑똑한 공부 습관

초판 1쇄 인쇄 2020년 12월 25일
1쇄 발행 2021년 1월 10일

지은이 **칼 뉴포트**(Cal Newport)
옮긴이 **김정아**

펴낸이 **우세웅**
책임편집 **김은지**
기획편집 **김은지 장보연**
콘텐츠기획·홍보 **박서영**
북디자인 **박정호**

종이 **앤페이퍼**
인쇄 **㈜다온피앤피**

펴낸곳 **슬로디미디어그룹**
신고번호 **제25100-2017-000035호**
신고년월일 **2017년 6월 13일**
주소 **서울특별시 마포구 월드컵북로 400, 상암동 서울산업진흥원(문화콘텐츠센터)5층 20호**

전화 02)493-7780
팩스 0303)3442-7780
전자우편 slody925@gmail.com(**원고투고·사업제휴**)
홈페이지 slodymedia.modoo.at
블로그 slodymedia.xyz
페이스북,인스타그램 slodymedia

ISBN 979-11-88977-66-6 (03190)

※이 도서의 국립중앙도서관 출판예정도서목록(CIP)은 서지정보유통지원시스템 홈페이지(http://seoji.nl.go.kr)와 국가자료공동목록시스템(http://www.nl.go.kr/kolisnet)에서 이용하실 수 있습니다. (CIP제어번호: CIP2020052893)

우등생클럽 파이베타카파 회원들의 특별한 공부법

올에이 우등생들의
똑똑한 공부 습관

슬로디미디어

차례

PART 3

올에이 우등생들의 A+ 리포트 작성 전략

여는 글

"내 친구들은 내가 어떻게 도서관에서
공부만 하지 않고, 파티나 학교 행사 등에서
친구들과 신나게 어울리고 있는지를 항상 궁금해했다.
다들 나에게는 '어려운 일이 없는 것 같다'라고 이야기한다."

아나, 올에이 우등생

이 책은 평범한 대학 생활 안내서들과 다르다. 교수나 자칭 학습법 전문가들의 제안과는 거리가 먼 이야기들일 것이다. 단언컨대, 이 책에는 대학생들의 일상과 동떨어진 사무실이나 연구실에서 고안했다 싶은 코넬 대학교 노트 필기법이나 심리 도표, '최적 학습법' 같은 이야기는 한 줄도 없다. 대신, 실제로 전과목에서 A 학점을 받은 학생들의 효율적이고 똑똑한 공부 습관이 최초로 공개되어 있다.

앞으로 나올 이야기는 상위권 학부생들을 대상으로 시행한 인터뷰를 토대로 구성되었다. 인터뷰 참가자는 모두 미국 내 가장 엄격한 대학(하버드, 프리스턴, 예일, 다트머스, 브라운, 컬럼비아, 듀크, 애머스트, 스키드 모어)의 '파이베타카파(미국 대학 우등 졸업생들로 구성된 친목

단체-역주)' 회원인 다양한 전공의 학생들이며, 나는 학생들과 개별적으로 만나서 학습 습관의 세세한 부분들에 관해 질문했다. 질문의 범주는 학습에 대한 일반적인 부분(어떻게 게으름을 물리치는가?)에서 구체적인 부분(연구조사 리포트를 작성하기 위해 참고 자료를 찾고 정리할 때 어떤 기술을 쓰는가?)까지 다양하다.

응답지를 통해 양으로만 승부하는 단순한 공붓벌레가 발견되면 그 응답지는 폐기했다. 나는 오랜 시간 동안 공부와의 지겨운 싸움을 불사하는 학생이 아니라, 똑똑하고 효율적인 학습법을 통해 성적을 향상한 학생들에게만 관심이 있기 때문이다.

독자들은 이런 똑똑한 학생들이 존재한다는 사실을 내가 어떻게 알았는지 궁금할 것이다. 사실은 내가 그런 학생이었다. 다트머스대에 막 입학했을 무렵, 시험을 어떻게 준비해야 할지, 대학에서 요구하는 리포트는 어느 수준인지 알 수가 없었다. 막막하기만 했다. 나도 대부분의 대학생처럼, 공부란 수업을 듣고, 과제하고, 필기한 내용을 최대한 여러 번 반복해서 읽는 일이라고 생각했다. 그리고 리포트 작성은 컴퓨터 앞에 앉아 마치기 전까지는 절대로 엉덩이를 떼지 말아야 한다는 신념을 갖고 있었다. 그러나 대학은 고등학교와 다르다. 숙지할 자료는 훨씬 복잡하고, 교수의 기대는 한층 높다. 벼락치기로 밀어붙이다가는 기나긴 고행을 맛보기 십상이다. 그럼에도 불구하고, 많은 학생이 여전히 고등학생 티를 벗지 못한다. 변함없이 자주 밤을 새우고, 수강 과목에 불만을 갖는다. 학생들이 이렇게 힘들게 공부하면서도 확실한 성공을 보장받지 못하는 이유는 천재와 공붓벌레만이 높은 성적을 얻는다는 통념 때문이다.

대학 새내기 시절에는 나도 그리 믿었다. 그러나 더 좋은 학습법이 있을 거라는 생각을 굳히는 데는 그리 오래 걸리지 않았다. 단순한 공부법의 결과가 들쑥날쑥했기 때문이다. 밤을 새우며 써 내려간 리포트에서 B-를 받는가 하면, 시작 직전에 겨우 훑어보고 간 퀴즈에서 A를 받기도 했다. 또한, 읽기 과제에서 매우 뒤처져 있음을 발견하고, 끊임없이 새롭게 나타나는 마감 시한 속에서 허우적대고 있음을 느꼈다. 정말 모든 것이 혼란스러웠다. 주변을 둘러보아도 다들 나와 크게 다르지 않은 생활을 하고 있었으며, 여기에 의문을 품는 이는 아무도 없었다. 나는 이런 생활에 문제가 있다고 생각했다. 그렇게 길고 고통스럽게 공부하는데도 평균을 살짝 웃도는 성적이라니. 나는 뛰어나고 싶었다. 그렇다고 수면 시간을 줄이거나 친구들과의 시간을 포기하고 싶지도 않았다. 어찌 보면, 불가능하고 오만한 목표일지 몰랐다. 그러나 나는 천성이 낙천적인 사람이라, 유감스럽기만 한 내 현재의 공부법을 살펴보고 더 좋은 방법이 있으리라 확신했다.

나는 실험을 거듭하며, 충분히 개선된 공부 습관이 장착된 도구 상자를 만드는 데 대학에서의 첫해를 고스란히 바쳤다. 습관이 완성되니 결과는 놀라웠다. 나는 2학년부터 4학년까지 36과목을 수강했는데, 딱 한 과목에서만 A-를 받고 모두 A를 받았다. 가장 경이로운 변화는 공부하는 시간이 어마어마하게 줄었다는 사실이다. 학습 전략을 다듬을수록 시간은 더 단축되었고, 4학년 기말고사 기간에는 암울한 밤샘을 준비하는 룸메이트들에게 미안한 마음이 들어, 도서관에 가는 척하기까지 했다.

비결은? 바로 효율성이다. 많은 학생이 하는 밀어붙이기식 공부는 정말 비효율적이다! 시험을 준비할 때, 수동적인 복습으로는 복잡한 개념을 효율적으로 익힐 수 없다. 정신적으로 피로한 일이기도 해서, 필요한 정보를 흡수하고 내면화하기도 쉽지 않다. 리포트를 작성할 때도 마찬가지이다. 준비 없이 바로 쓰기부터 시작하면, 극도로 피곤해져 머지않아 말이 되는 문장 하나를 쓰는 것조차 버거워질 것이다.

그러나 내가 고안한 학습법은 아주 능률적이어서, 시간은 덜 들이면서 친구들보다 많은 내용을 공부할 수 있다. 올바르지 못한 습관과 소모적인 노력을 걷어냄으로써 나는 시험공부나 리포트 작성을 두렵기만 한 일이 아닌, 분명한 목표가 있는 일로 바꿀 수 있었다. 한동안 이 똑똑한 공부법을 알아낸 내가 남달라 보이기까지 했다.

하지만 이런! 그 환상은 곧 깨지고 말았다. 그 일이 일어난 건 4학년 겨울, 서른 명의 친구들과 파이베타카파 입성을 축하하는 자리에서였다. 파이베타카파란, 천여 명의 졸업생 중 전체 성적 상위 30위권 안팎의 학생들만 들어갈 수 있는 사교 모임이다. 따라서 나는 앞뒤가 꽉꽉 막힌 공붓벌레들과 저녁을 보내게 되리라 예상하고 파티 장소에 도착했다. 그러나 세상에 이런 일이! 그날 밤 파티 장소의 입구를 들어서는 순간, 나는 나와 어울리던 친구들이 그 자리에 꽤 모여 있음을 알고 적잖이 놀라고 말았다. 그들이 전과목에서 A학점을 받는 학생일 줄은 꿈에도 몰랐다. 그들 중에는 잡지 편집자도 있었고, 동아리 친구도 있었으며, 강경한 환경운동가도 있었다. 나는 교내 파티와 다양한 모임을 통해 그들을 알고 있었으며, 그들이 평범하면서도 다재다능하고, 재미난 사람들이라는 것도 알고 있었다.

그날 밤의 교훈은 명백했다. 나는 생각만큼 대단한 사람이 아닐지 몰랐으며, 대학에서 성공적인 결과를 얻기 위해 비슷한 비법들을 사용하는 학생이 더 있을지 몰랐다!

곧 작가로서의 본능이 동했다. 평범하게만 보이는 학생들이 어떻게 훌륭한 결과를 내는지 알고 싶은 마음 하나로, 나는 파이베타카파의 회원 모두에게 공부 습관을 묻는 질문지를 보냈다. 대부분은 자신만의 방법을 기꺼이 공개해 주었고, 나는 곧 내 추측이 옳았음을 알았다. 많은 친구가 나름대로 개발한 혁신적인 공부법을 사용한다는 것도 놀라웠지만, 최근 몇 년간 선배들이 사용했던 공부법과 흡사하다는 것도 놀라웠다.

첫 번째 책인 《성공하는 사람들의 대학생활 백서(How to Win at College)》의 원고 수정 작업을 막 마쳤을 때만 해도, 사실 또 다른 긴 글을 쓰려는 욕심은 없었다. 하지만 첫 응답지를 받아 든 순간, 나는 이미 어마어마한 작업에 연루되었음을 깨닫고 말았다. 많은 대학생이 공부와 리포트 작성 과정을 힘겹게 헤쳐나가는 동안, 훨씬 짧은 시간을 들여서 월등히 높은 성적을 받아내는 혁신적인 전략을 발견한 똑똑한 학생들이 있다. 나는 이 비법을 많은 학생과 나누고 싶었다. 이것이 이 책의 시발점이다. 한 권의 책으로 엮을 만큼 충분한 응답지가 돌아올 때까지 나는 미국 내 더 많은 성적 우수자들에게 질문지를 보냈다.

여러분은 이 책을 읽으며 깜짝 놀랄 학습 전략을 구체적으로 알아가게 될 것이다. 그리고 예시와 사례 탐구를 통해, 다양한 상황에 놓인 우등생들의 전략을 살펴볼 것이다. 그 학습 전략들은 다음과 같다.

- 시간을 관리하고 게으름의 충동을 다루는 법
- 수업 중에 확실한 초점을 두고 필기하는 법
- 읽기 과제와 연습문제 풀이를 수월하게 해결하는 법
- 효율적으로 시험공부 하는 법
- 시험 치르는 기술을 습득하는 법
- 예리한 비평분석 리포트를 작성하는 법
- 리포트 자료를 조사하는 법
- 우수한 연구조사 리포트를 작성하는 법

이 책의 내용 모두 우등생들이 시행착오를 거치며 갈고 닦은 전략임을 기억하자. 이 차이는 매우 중요하다. 이 차이가 서가에 꽂힌 다른 대학 생활 안내서와 다르다는 걸 알려줄 것이기 때문이다. 언급했듯이, 대부분의 대학 생활 안내서들은 오래전 대학 생활을 했던 교수들이나 학습법 전문가가 집필한 것이다. 그 결과 지금의 대학 생활과는 동떨어진 해결책을 내놓은 경우가 많다. 반면, 《올에이 우등생들의 똑똑한 공부 습관》은 실제 대학생들의 경험을 바탕으로 한 첫 번째 안내서이므로, 여타의 책들과는 다른 훌륭한 대안이 될 것이다. 곧 일상의 균형을 깨뜨리지 않으면서 쉽게 적용할 수 있는 전략을 만나게 될 것이며, 적용하는 즉시 효과를 볼 것이다. 전략을 따르다가 막히면 실험을 망설이지 말자. 썩 내키지 않는 부분이 있거든, 마음에 드는 다른 방법을 시도하면 된다. 그렇게 해서 효과가 있으면, 그 방법대로 하면 된다. 아니라면, 또 다른 방법을 시도해 보면 된다. 책에 코를 파묻지 않고서도 학점을 높이는 열쇠가 꼭 한 가지 학습법을 고수하는 데 있는 건 아니다. 대신, 암기를 위한 복습에만 매달리지 않고 융통성 있는 전략을 찾아, 더 멀리 볼 수 있는 결정을 내려야 한다.

무엇보다도, 학점이란 대학 생활을 구성하는 여러 개의 중요한 조각 중 하나일 뿐이며 대학은 다양한 경험을 누리는 곳이라는 점을 명심하자. 여러분이 이 책을 통해 그 한 조각을 즐겁게 정복하여 더 많은 시간과 에너지를 확보함으로써, 친구, 꿈, 맥주 등 대학 생활을 풍성하게 할 다른 모든 조각을 탐험할 수 있기 바란다.

칼 뉴포트

PART 1

올에이 우등생들의 공부 습관 전략

"제대로 하지 않을 거면 차라리 안 하는 게 낫다. 진심이다.
공부할 때 열심히 하면 즐길 시간도 충분히 생긴다."

- 리디아, 올에이 우등생 -

많은 학생이 시간이 없다고 불평한다. 밤새 도서관에서 자리를 지키며 시험공부를 하고, 주말을 쏟아부어 리포트를 쓰며 한숨을 내쉰다. 그러고는 아무리 열심히 해도 항상 끝난 것 같지 않다고 말한다.

브라운대의 올에이 우등생 매슈는, 대학생은 '늘 따라잡기 바쁜 상태'에 갇히기 쉽다고 말한다. 당연히 이런 학생들은 자신이 학생으로서 최선을 다했다고 생각하며, 그들은 잠과 친구를 포기하지 않고서는 학과 공부를 감당해 낼 시간이 없다고 한다.

그러나 이는 틀린 말이다. 얼마나 많은 시간을 쓸 수 있는가가 아닌, 매시간을 어떻게 쓰는가를 짚어 보자. 나는 이 책을 쓰기 위해 전국에서 내로라하는 학생을 많이 만났다. 그리고 깨달았다. 꽤 열심히 한다고 하는 학생들 위에는 분명히 그보다 세 배는 더 공부하고 일하는 동시에 보통의 학생들로서는 감히 생각지도 못할 만큼 열심히 파티에도 참석하며, 로즈 장학금(Rhodes Scholar, 영국 옥스퍼드대에서 공부하는 미국, 독일, 영연방 공화국 출신의 학생들에게 주어지는 장학금-역주)을 받는 학생들이 있다는 것을 말이다. 물론 모두가 술 취한 로즈 장학생이 되어야 한다는 말은 아니다(재미야 있겠지만). 열두 시간 안에 생각보다 더 많이 공부하고 쉬며 친구들하고 어울리기까지 하는 일이 가능하다고 이야기하려는 것이다. 그런 의미에서, 사실 시간 부족은 많은 학생이 느끼는 부담의 이유가 되지 못한다. 그렇다면 시간이 부족하다고 느끼는 이 상황을 어떻게 설명해야 할까? 앞으로 드러나겠지만, 답은 무엇을 이루려 하는가가 아니라 어떻게 이루려 하는가와 연결된다.

사람의 마음은 '사자에게서 도망치기'나 '끼니 때우기' 같은 단기 해결 과제를 선호하도록 진화해 왔다. 그러니 과제는 물론이고 리포트까지 하루 안에 해치워 버리겠다는 심산으로 일요일 아침 도서관으로 걸어 들어가고 있다면, 마음이 천근만근일 것이다. 여덟 시간을 내리 도서관 열람실에 갇혀 있어야 한다면 얼마나 힘

빠질 노릇인가. 게다가 그렇게 해서는 오랫동안 집중하기도 쉽지 않다. 얼마 안 있어 피로가 몰려오고, 온갖 것들이 갑자기 기가 막히게 매력적으로 느껴지기 시작할 것이다. 그렇게 하루는 순식간에 가고, 결과적으로 별 수확이 없는 하루를 보내게 된다. 그리고 다음날이면 미처 끝내지 못한 과제 위에, 새로운 과제가 쌓이며 지루한 일과가 반복된다.

펜실베이니아대의 올에이 우등생 제이슨은 이런 일반적인 학습법을 '눈속임 공부'라고 부른다. 눈속임 공부를 하는 학생은 일단, 겉으로는 열심히 공부하는 것처럼 보이며 본인 또한 자신이 공부를 열심히 한다고 생각한다. 밤늦도록 도서관에 남는 상황을 개의치 않는다. 그러나 학습 시간에 대한 인식이 낮고, 집중력이 분산되어 있으므로 사실상 결과물은 대단하지 않다. 그리고 많은 학생이 이러한 나쁜 습관을 갖고 있다.

다트머스대의 중앙 도서관에는 24시간 개방하는 장소가 있는데, 나는 그곳에서 늦게까지 삼삼오오 모여서 커피를 홀짝이면서 고충을 늘어놓는 학생들을 보고는 했다. 눈속임 공부를 하는 이들이다. 소파에 앉아 텔레비전을 보며 화학 노트를 휙휙 넘기는 룸메이트도 눈속임 공부를 하는 중이며, 종일 마라톤 하듯 리포트를 쓰겠다며 세 끼 식사 거리와 담요, 여섯 개들이 에너지 드링

크를 챙겨 휴게실로 들어가는 친구도 눈속임 공부 중이다. 이들은 스스로 방해물이 많은 환경으로 들어가 그 안에서 길고 지루한 싸움을 이어가며, 명확하게 사고하고 당면한 과제를 효과적으로 풀어가는 두뇌 능력을 망가뜨린다. 그 끝은 피로에 찌들어 생기는 두통과 지지부진한 결과물뿐이다.

더 심각한 문제는 대부분의 학생이 눈속임 공부를 하고 있다는 사실을 알아차리지 못하는 것이다. 그들에게는 눈속임 공부가 공부이다. 지금껏 그렇게 해 왔고, 주변 친구들도 그렇게 공부하기 때문에, 더 좋은 방법이 있으리라고는 생각하지 못한다. 반면, 올에이 우등생들은 눈속임 공부의 정체를 분명히 알고, 이를 경계한다. 그럴 만한 이유가 있다. 눈속임 공부는 시간을 낭비하는 일일뿐더러, 정신적으로도 매우 피곤하기 때문이다. 이들은 길고 고통스럽고, 비효율적인 학습에 시간을 통째로 바칠 생각도, 대학 생활의 즐거움과 학과 성적을 포기할 생각도 없다.

이 책을 준비하며 만났던 올에이 우등생들은 눈속임 공부를 피해야 한다고 거듭 강조했다. 실제로 공붓벌레가 아닌, 올에이 우등생이 되기 위해 가장 필요한 능력이 무엇인지를 묻자, 그들은 낭비하는 시간을 최소한으로 하고, 신속하게 공부를 마무리하는 능력을 꼽았다. 그렇다면 이들은 어떻게 목표를 달성할까? 중요한 것은 시간이다. 그들은 짧은 시간 안에 폭발적인 집중력을 발휘해 공부함으로써 학습의 효율성을 높인다. 이 접근법의 힘을 이해하려면 다음 공식을 알아야 한다.

달성한 양 = 시간 × 집중의 강도

눈속임 공부의 특징은 공부하는 동안 집중의 강도가 매우 낮다는 것이다. 그래서 눈속임 공부는 매우 오래 걸린다. 반면, 올에이 우등생들은 학습 시간을 줄이기 위해 집중의 강도를 최대한으로 높인다. 예를 들어, 집중하는 정도를 1부터 10까지로 했을 때(10이 가장 높은 집중의 강도이다), 3으로 집중해서 눈속임 공부로 시험 준비를 마치려면 10시간이 걸리는 반면, 10으로 집중하면 같은 분량을 3시간 만에 끝낼 수 있다. 일요일 하루를 온전히 시험공부에 매달리지 않고, 아침과 점심, 저녁 매끼 식사 후 한 시간씩만 공부하면 된다. 물론, 남는 시간은 자유다!

이 공식을 염두에 두면, 많은 올에이 우등생들이 보통의 학생들보다 공부를 덜 하는 이유가 분명해진다. 그들은 집중하지 않고 긴 시간을 하염없이 공부하는 대신, 짧은 시간 동안 집중해서 공부한다. 물론 그들이 공부에서 좋은 성과를 내는 비결은 여기서 끝나지 않는다. 그 짧은 시간 동안 무엇을 하는지도 중요하다. 즉, 학습 기술도 학습 시간만큼 중요하다. 이 책의 PART1과 PART3은 공부의 기술적인 부분을 다룬다. 그러나 대학에서 앞서가기 위해 반드시 짚고 넘어가야 할 첫 단계는 효율적인 일정을 따라가는 방법을 배우고, 성공적인 대학 생활을 위해 눈속임 공부를 몰아내는 일이다. 일정을 통제할 수 있어야 하므로 간단한 일은 아니다. 예를 들어, 강도를 높여 공부하면서도 중간중간 휴식을 취할 수 있어야 한다. 이는 기본적인 시간 관리 기술을 습득한 후에 가능한 일이다. 또한, 정한 시간에 실제로는 아무것도 하지 않으면 일정을 계획하는 일이 무의미해지므로 일을 미루는 습관도 버려야 한다. 동기 부여가 필요한 부분이다. 마지막으로, 집중력을 최대한으로 끌어올리기 위한 적절한 장소와 시간대, 알맞은 학습 시간을 결정할 수 있어야 한다. 이 세 가지 요소를 선택하는 데 주의를 기울이지 않으면 집중력도 쓸모없어진다. 즉, 똑똑한 계획 수립 전략이 필요하다.

PART1은 이 필요조건들을 어떻게 충족시킬지에 대한 내용이다. 이 부분은 바쁜 대학 생활에 적합한 시간 관리법에 대한 이야기로 시작한다. 겁먹을 것 없다. 이 시간 관리법은 매우 간단하며,

계획을 위해 아침 5분만 투자하면 된다. 잠시 멈췄어도 쉽게 시작할 수 있다. 그다음은 게으름과 싸우기 위해 학생들이 직접 이용했던 전략을 소개한다. 실제 우등생들의 경험을 바탕으로, 일반적인 대학 생활에 산재한 무질서와 갖가지 방해물 사이에서 강력한 효력을 입증한 것들이다. 이 전략 또한 쉽고 간단하게 적용할 수 있으며, 무척 효과적이다. 마지막은 학습의 생산성을 높이기 위해 언제, 어디에서, 얼마나 공부할 것인가에 대한 이야기이다. 내가 인터뷰한 올에이 우등생들은 이 중요한 질문에 대한 알맞은 답을 찾기 위해 다양한 방법을 시도해 왔으며, 이제 그 답을 공개하려고 한다.

이 기본적인 전략들은 모두 이 책에 나오는 학습 기술의 바탕이 된다. 기본적인 부분을 간과하고는 앞으로 나오는 구체적인 학습 기술을 사용하기 어렵다. 그러나 제대로 습득만 한다면 성적뿐 아니라, 삶의 모든 부분에서 놀라운 성장을 경험하게 될 것이다. 마음껏 잠을 자고, 신나게 즐기고, 학과 외의 관심사에 더 많은 에너지를 쏟게 될 것이다. 자, 긴장을 풀자. 이제 우리는 더 즐겁고 생산적인 대학 생활을 향해 첫발을 내딛는 참이다.

1단계 / 하루 5분으로 충분한 시간 관리법

가장 합리적인 학생이라 하는 실제 올에이 우등생들도 시간 관리라면 질색한다. 결국, 대학이란 지적 호기심을 채우고 새 친구를 사귀며 쓸데없이 복잡하기만 한 드링킹 게임(벌칙으로 술을 마시게 하는 게임-역주)에 실컷 빠져도 되는 곳이니 말이다. 시간 관리라는 무거운 관심사는 일정에 쫓기는 회사 간부에게나(아니면 적어도 의대생에게나) 어울릴 법한 말일지 모른다. 그러나 일정을 따라가겠다는 시도를 아예 안 할 수도 없다.

앞서 말했듯이, 이 책에서 이야기하는 모든 학습 기술을 제대로 활용하려면 어느 정도 일정을 통제할 능력이 필요하다. 이 능력을 가볍게 여기면, 대학 4년이라는 긴긴 시간 동안 과제와 쫓고 쫓기는 추격전을 벌여야 할 것이다. 하버드대의 올에이 우등생 도리스는, "시간 관리는 매우 중요하다. 시간 관리는 대학 생활을 하는 동안 반드시 터득해야 할 기술이다."라고 이야기한다. 그러나 대부분의 학생이 시간 관리의 목적을 최대한 많은 분량을 하루 안에 벼락치기 할 때나 필요한 일로 여긴다. 사실 일정을 관리하는 주된 이유는 따로 있다. 곧 설명하겠지만, 잠깐의 계획은 하루 내에 받을 스트레스를 경감시키기 위한 것이다. 마감 시한과 해야 할 일들에 대한 것들이 머릿속에 어지럽게 떠다니면, 온전한 휴식은커녕, 할 일조차 하지 못할 수 있다. 그러나 일단, 언제 어떤 일을 해야 할지를 알아 두고 나면 어깨의 무거운 짐은 상당 부분 내려놓을 수 있다. 불확실성이 사라지며, 공부하는 동안에는 당장 눈앞에 놓인 과제에만 집중할 수 있고, 쉬는 동안 걱정 없이 쉴 수도 있다. 프린스턴대의 올에이 우등생 제나는 말한다. "사회생활도 과외 활동도, 학교 공부도 포기할 수 없다." 도리스는 간단한 일정 관리를 통해 생활의 균형을 잡는다. 앞서 이야기한 바와 같이, 시간 관리는 대학 생활에서 누릴 수 있는 모든 경험을 위한 열쇠가 된다.

1단계에서는 대학 생활의 자연스러움과 재미를 놓치지 않으면서도 스트레스 없이 생활의 균형을 잡을 수 있는 시간 관리법을 제시한다. 구체적으로는 평범한 대학생들의 생활 방식에 맞춘, 다음 기준에 부합하는 시간 관리법을 소개할 것이다.

1. 하루 24시간을 통틀어 5~10분을 넘기지 않아야 한다.
2. 변경 불가의 분 단위 일정을 강요하지 않아야 한다.
3. 기한 내에 중요한 과제를 기억하고, 계획하며, 마칠 수 있어

야 한다.

4. 그만두었다가도 즉시 다시 시작할 수 있어야 한다.

먼저 몇 가지 간단한 단계로 시간 관리법의 세세한 부분을 설명한 뒤, 구체적인 사례 탐구를 통해 실제 상황에서 적용되는 모습을 살펴보는 것으로 마무리하겠다.

준비 사항

이 시간 관리법을 활용하려면 두 가지 물건이 필요하다.

캘린더: 종류는 관계없으며 휴대할 필요도 없다. 컴퓨터에 내장된 마이크로소프트 아웃룩이나 아이캘(매킨토시 컴퓨터에 내장된 개인 일정 관리 프로그램-역주), 저렴한 일일 캘린더, 광고가 들어간 판촉용 캘린더도 괜찮다. 하루 열두 개 정도의 할 일을 표시할 수 있는 칸이 있으면 된다.

데일리 리스트: 매일 아침, 일과를 업데이트할 때 사용할 용지이다. 휴대해야 하므로, 노트에서 뜯어낸 종이처럼 간소해야 한다.

기본 사항

캘린더에는 해야 할 모든 일과 마감 시한을 기록한다. 이렇게 정리한 캘린더는 하루 일정의 토대가 되며, 해야 할 모든 일에 대한 기록 저장소가 된다. 이 시간 관리법의 핵심은, 캘린더는 하루에 딱 한 번만 사용된다는 점이다. 매일 아침 캘린더를 보며, 오늘 끝내야 할 일을 파악하자. 그리고 할 일과 마감 시간이 새로 생기면 그 사항을 바로 데일리 리스트에 적는다. 다음 날 아침에 잊어버리지 않도록, 데일리 리스트에 적힌 새로운 사항을 캘린더에도 옮겨 적는다. 그리고 하루를 시작한다. 이것이 전부다. 아주 간단하지 않은가? 전체 과정은 세 부분으로 요약된다. 첫째, 하루 중에 할 일이나 과제가 생길 때마다 즉시 데일리 리스트에 적는다. 둘째, 다음 날 아침 데일리 리스트에 적힌 새로운 사항을 캘린더에 옮겨 적는다. 셋째, 이를 2~3분 내에 실시해 하루를 계획한다.

조금 더 자세히 이 단계를 살펴보겠다. 특히, 어떻게 매일 아침 캘린더로 하루를 계획할 것인지, 예상치 못한 일이나 계획이 완전이 틀어졌을 때 무엇을 해야 하는지(장담컨대, 이런 일은 제법 자주 일어날 것이다)에 관해서는 전략이 필요하다.

매일 아침 캘린더를 업데이트한다

하루를 놀랍게 변화시키는 마법이 여기에서 일어난다. 매일 아침, 캘린더를 업데이트하는 몇 분 동안, 무엇을 달성해야 할지 알아 두자. 이때가 하루 중 유일하게 시간 관리에 대해 진지하게 생각하는 때이므로, 그 중요성은 말할 것도 없다. 업데이트는 다음과 같이 이루어진다.

먼저 어제의 데일리 리스트를 꺼낸다. 데일리 리스트는 표1과 같은 모양새일 것이다(데일리 리스트를 만드는 법은 나중에 설명하겠다). 여기서 어제 써넣은 새로운 할 일과 마감 시한이 기록된 '기억할 일' 부분에 주목하자.

표1. 데일리 리스트 예시

2월 22일 화요일

오늘의 일정	기억할 일
• ~~10:00~12:00 경제학 수업~~	• 경제학 스터디(목요일 9PM)
• ~~12:00~1:00 랍과 점심~~	• 프랑스어 퀴즈 -> 금요일로 변동
• ~~1:00~1:45 정치학 읽기~~	• 세탁
• ~~2:00~4:00 정치학 수업~~	• 하계 인턴십 검색 시작
• ~~4:00~5:30 정치학 읽기 과제 마무리~~	
• 5:30~6:30 프랑스어 리포트 작성 시작	

먼저 '기억할 일'에 기록한 새 항목들을 캘린더에 옮겨 적는다. 적절한 날짜에 마감 시한을 기입하고, 완료할 날짜에 할 일들을 기입한다. 예시의 데일리 리스트에 따르자면, 목요일 날짜에 경제학 스터디 모임을 써넣고, 금요일 날짜에 프랑스어 퀴즈를 옮겨 적었다. 그런 다음 세탁할 날짜와 인턴십 검색을 시작할 날짜를 골라서 같은 방식으로 써넣으면 된다. 필요하면 얼마든지 날짜는 변경할 수 있으니 처음에 새 항목을 써넣는 날짜는 크게 고민하지 않아도 된다. 하지만 상식적으로 생각해야 한다. 예를 들어, 수요일 오후와 저녁 시간대가 모임과 공부 계획으로 이미 차 있다면 이날은 세탁하기에 좋은 날이 아니다. 마찬가지로, 월요일 아침에 중요한 시험이 있다면 일요일에는 신경 쓰이는 잔일은 만들지 않는다. 시험 준비에 집중해야 하기 때문이다. 표의 인턴십 검색처럼 시간에 쫓기는 사항이 아니라면 일정을 한참 미루어 계획해도 무방하다. 중간고사 직후나 새 학기 시작 무렵처럼 비교적 한가한 시점이 좋을 것이다.

다음으로, 어제 하려고 계획했지만 미처 끝내지 못한 일을 캘린더의 새로운 날짜로 옮긴다. 표1의 데일리 리스트에 있는 오늘의 일정은 어제 계획한 일들을 나타내는 부분이다. 표에 나타나듯, 이 경우에는 '프랑스어 리포트'를 뺀 나머지 일들은 모두 마쳤으므로 이 일만 새로운 날짜로 옮기면 된다. 이렇게 캘린더에 해야 할 모든 일이 다시 빠짐없이 기록되었다.

이제 오늘 일정을 계획할 차례이다. 임무를 완수한 어제의 데일리 리스트는 이제 버려도 좋다. 새 종이를 꺼내, 표1처럼 종이의 한 면을 두 칸으로 나누고, 각 칸에 '오늘의 일정'과 '기억할 일'이라고 써넣는다. 다음으로 캘린더의 오늘 날짜를 편다. 날짜에는 전에 계획해 둔 약속과 할 일들이 몇 개 적혀 있을 것이다. 목표는, 여기서 현실적으로 달성할 수 있는 정도를 파악하는 일이다. 기록된 모든 사항을 오늘의 일정에 옮겨 적은 뒤 그대로 오늘의 데일리 리스트로 사용하고 싶어질지도 모른다. 그러지 말자! 일정에 짓눌리고 싶지 않다면 시간에 대해 현명해질 필요가 있다.

대신 오늘 해야 할 일들마다 구체적이고 현실적인 마감 시간을 써넣자. 솔직해지자. 5시에 모임이 있는데 3시부터 세 시간 동안 공부하겠다고 적어서는 안 된다. 공부에 실제로 얼마만큼의 시간이 걸릴지에 관해서는 합리적으로 생각해야 한다. 한 시간 동안 200쪽 읽기를 계획할 수는 없다. 일정을 단순화하기 위해 10분 미만으로 소요되는 소소한 일들은 하나의 큰 시간대(예: 10:00~10:45 편지 발송, 도서관 책 반납, 새 데오도런트 구입, 학과 사무실에서 성적 증명서 발급 신청서 작성)로 묶고, 휴식 시간은 충분히 잡는다. 식사 시간은 20분이 아니라 한 시간 정도를 잡는다. 그리고 가능하다면 적절한 시점에서 하루를 마친다. 긴장을 풀고 쉴 시간도 필요하므로 잠자기 직전까지 할 일을 계획하지는 말자. 의아하게 들리겠지만, 지나친 긍정은 삼가는 편이 낫다. 사실 할 일은 끊임없이 생긴다. 아침에 보기에 비어 있는 시간이 온종일 그대로 비어 있으리라고 생각하면 오산이다. 여기서 우리의 목표는 수단과 방법을 가리지 않고 모든 일을 하루에 욱여넣는 것이 아니라, 오늘 날짜에 기록된 일 중 실제로 할 수 있는 부분을 가려내는 것이다. 해야 할 일을 오늘 일정에 전부 집어넣을 수 없어도 괜찮다. 남은 항목은 고민하지 말고 캘린더의 다른 날짜로 옮겨 적자. 나중에 해도 된다.

마지막 단계는 데일리 리스트의 '오늘의 일정'에 오늘 해야 할 일을 적는 것이다. 표1처럼 각 할 일에 시간을 계획해서 써넣는다. 이것으로 됐다. 이제 생활하며 틈틈이 데일리 리스트를 꺼내 확인하면 된다.

그리고 계획한 구체적인 시간을 언제든 변경할 수 있다는 걸 알아 두자. 표시한 시간은 제안에 가깝다. 나중에 간단히 다루겠지만, 시간은 컨디션과 하루의 흐름에 따라 얼마든지 바뀔 수 있다. 해야 할 일들에 구체적인 시간을 할당해 보는 이유는 자유 시간을 너무 많이 잡는 실수를 피하기 위해서이다. 많은 학생이 할 일을 계속 확인해 나가겠다는 좋은 의도로 간소한 할 일 목록을 사용한다. 하지만 시간을 계획해 두지 않으면 실제로 얼마나 공부할 수 있는지 계획하기가 어렵고, 결국 비현실적인 계획으로 이어지고 만다. 열두 시간이 굉장히 넉넉해 보이겠지만, 식사, 수업, 모임, 휴식, 사교에 시간을 보내고 나면, 정말 빠듯하다.

문제는 간단하다. 자유 시간을 너무 많이 잡고 나면 해야 할 일들은 마지막 순간까지 미룰 가능성이 커진다. 그러면 밤을 새워야 하고 마감에 대한 불안감이 커지며 결과물도 조잡해진다. 현실적인 시간관념은 학생으로서의 성공 여부를 가르는 가장 중요한 요소 중 하나이다. 1~2주가량 할 일에 시간을 배분하는 연습을 하고 나면 이 기술을 습득할 수 있을 것이다.

낮에는 데일리 리스트를 이용한다

주간에는 지금 해야 할 일을 잊지 않기 위해서 '오늘의 일정'에 적힌 대략의 일정을 사용한다. 대학생들의 생활은 다소 예측하기 어렵다는 사실을 명심하자. 끝난 듯싶으면 늘 새로운 일이 터진다. 공부는 항상 예상보다 시간이 오래 걸리며, 룸메이트는 반나절을 몽땅 쏟아붓게 할 우스꽝스러운 웹사이트를 보여줄 것이다. 그러므로 각 할 일에 들어갈 시간은 얼마든지 자주 변경할 수 있다.

하지만 지나치게 일정을 미뤄서는 안 된다. 아침에 만든 데일리 리스트에는 적절한 학습량이 계획되어 있어야 하며, 예상치 못한 일이 지나치게 많이 일어나지만 않는다면, 계획한 일의 대부분은 그날 마무리되어야 한다. 일주일에 닷새 정도를, 계획한 일의 대부분을 달성하며 보냈다면 대학생으로서는 최고로 시간을 효율적으로 쓰는 편에 속한다. 물론, 그러지 못했더라도 걱정하지 말자. 앞으로 게으름 퇴치 전략도 소개할 테니 말이다.

데일리 리스트는 또 다른 중요한 역할이 있다. 일과는 계속 업데이트된다. 이를테면, 교수가 앞으로 있을 시험 일정을 공지하거나, 스터디 모임 날짜와 시간이 새로 정해졌을 때 말이다. 핵심은 이런 새로운 일정으로 인해 혼란스러워지는 것을 막는 것이다. 새로운 일정이 생기면 바로 데일리 리스트의 '기억할 일'에 적어 두자. 몇 분밖에 걸리지 않는 간단한 작업이면서, 더는 새로운 일정을 기억하려 애쓰지 않아도 된다. '기억할 일'에 적어 둔 내용은 다음 날 아침에 구체적으로 계획하면 된다. 즉, 당장 할 일은 쪽지에 몇 자를 적는 일이다.

업데이트된 새로운 일들과 마감 시한을 머리로만 기억하려 하면, 에너지가 고갈되고, 집중력이 흐려지며, 스트레스가 생긴다. 그리고 쉽게 잊힌다. 공부할 때는 공부에 집중하고, 쉴 때는 휴식을 즐길 수 있어야 한다. 해야 할 일을 기억하느라 머릿속이 복잡하면, 어떤 일에도 온전히 힘을 쏟기 힘들다. 일과 중에 생기는 새로운 일들을 속속들이 계획할 만큼 힘이 남아도는 사람은 없다. 생각해 보자. 때는 늦은 오후, 슬슬 배가 고파질 무렵이다. 긴 수업을 마치고 모두 자리에서 일어서려는데, 교수가 갑자기 다음 주까지 연구조사 리포트의 주제를 정해 오라는 공지를 냈다. 가방을 싸다 말고 캘린더를 꺼내서, 주제를 정하려면 어떤 과정을 거쳐야 할지 생각하고 적절한 날짜에 맞추어 계획을 짤 사람은 없다. 물론, 그렇게만 한다면 언제까지 이 일을 마무리할지 더는 생각하지 않아도 되고, 모든 계획을 캘린더에 안전하게 옮겨 적었으므로 더없이 좋은 일이겠지만, 현실적이지 않다. 시간 관리는 하루 몇 분을 넘기지 않아야 한다는, 우리가 정한 기본 요건에서도 벗어난다.

데일리 리스트의 '기억할 일'의 힘은 바로 여기에 있다. 바쁜 와중에 매번 심각하게 앉아서 시간을 관리하느라 고민할 수는 없다. 그러나 주머니에서 쪽지 한 장을 꺼내서 '인류학 연구조사 리포트 주제 정하기'라고 간단히 적는 정도는 대단한 노력이나 생각을 필요로 하는 일도, 시간이 오래 걸리는 일도 아니다. 주제를 선정하기 위해 언제부터 준비하며 어떤 과정을 거쳐야 하는지, 혹은 시간이 얼마나 걸릴 것인지 따위는 당장 생각하지 않아도 된다. 간단히 몇 자 적는 일로도 지금은 충분하다.

이렇게 데일리 리스트는 믿음직한 일정 보관소이다. 내일 아침, 하루에 딱 한 번 시간을 관리하는 시간에 기록을 확인하고 캘린더에 적절한 절차를 써넣음으로써, 앞으로 마감 시한을 잊어버릴 일은 없어졌다. 날짜에 맞게 계획할 것이기 때문이다.

게으름 후 다시 시작하기

현재까지 나는 두 달 이상 지속할 만한 시간 관리법을 찾지 못했다. 아무리 노력해도 힘든 시간은 오고야 말았다. 보통 정신이 쏙 빠지도록 바쁘게 며칠 보내고 나면 이런 일이 일어난다. 강도 높은 공부에 지친 나머지 '할 일'이라는 단어를 입 밖에 내려면 진땀이 날 지경이었다. 그러나 이런 일은 누구나 겪으며, 주기적으로 일어날 것이므로 너무 두려워하거나, 이제 끝이라고 생각할 필요는 없다. 누구에게나, 으레 있는 일이기 때문이다.

중요한 것은 이러한 일탈은 일시적인 현상이라는 점이다. 나는 이삼 일쯤 캘린더를 방치하고 나면, 정리되지 않고 머릿속을 떠다니는 업무가 늘면서 안절부절못하게 되었다. 그래서 다시 본래의 시스템으로 돌아가고는 했다. 모든 일이 정리된 느낌의 위력을 알게 되었기 때문이다. 정말이지 캘린더를 쓰지 못한 상태로는 오래 버티기 힘들었다. 며칠 게으름을 부렸더라도, 머릿속에 정돈되지 않은 채 엉켜 있는 할 일과 마감 시한들을 종이 한 장에 모두 적은 후, 이 항목들을 캘린더의 날짜들로 옮기기만 하면 언제든 다시 시작할 수 있다.

사례 탐구. 스티븐의 월요일

시간 관리법은 아무리 간단하다고 해도, 처음에는 아리송하게 들리기 마련이다. 자, 그렇다면 스티븐의 사례를 통해서 어떻게 하면 시간을 제대로 관리하고, 이용할 수 있을지 살펴보자. 내가 만난 학생들의 실제 대학 생활을 바탕으로 구성했다. 지금 대학 생활을 하는 중이라면 이 이야기가 친숙하게 느껴질 것이다.

스티븐은 할 일이 많다. 주목할 부분은 스티븐이 이 시간 관리법을 통해 어떻게 그 많은 일을 처리하는가이다. 스티븐은 하루에 모든 일을 마무리하지 못해도, 끝내야 할 일은 분명 제시간에 끝내리라고 확신한다. 끊임없이 생겨나는 새로운 할 일과 마감 시한을 정확히 짚어 주는 데일리 리스트와 캘린더가 없었다면, 스티븐이 얼마나 스트레스를 받아야 했을지, 학습 효율이 얼마나 떨어졌을지 상상하며 읽어 보자.

월요일 아침

9시 30분에-끔찍한 시간이다-수업이 있는 스티븐은 일찍 일어난다. 책상에서 캘린더를 집어 들고 어제 데일리 리스트로 사용했던 쪽지를 찾으려고 바구니를 뒤적인다. 수업 시작이 얼마 안 남았지만 그래도 괜찮다. 잠깐이면 충분히 하루를 계획할 수 있다.

표2는 스티븐의 오늘 캘린더에 적힌 내용이다.

표2. 스티븐의 월요일 캘린더

3월 14일 월요일

오늘의 일정
• 화요일 정치학 수업 읽기 과제 마치기
• 아빠 생신 선물 사기
• 정치학 리포트 조사 1단계-관련 서적 찾기, 관련 쳅터 복사
• 휴대폰 요금 납부
• 마크 CD 돌려주기
• 경제학 연습문제 풀이 절반 끝내기(수요일 마감)
• 인류학 연구조사 리포트 주제 설정(내일 마감)
• 인류학 교재 다섯 쳅터 읽기(금요일 퀴즈 대비)
• 친구들이랑 저녁 약속(몰리스, 7PM)
• 토가 파티(알파치, 10PM)

*토가 파티: 파티 참석자들이 고대 로마인의 의상인 토가를 흉내 내어 침대보를 몸에 두르거나 샌들을 신고 참석하는 변장 파티-역주

표3. 스티븐의 일요일 데일리 리스트

3월 13일 일요일

오늘의 일정	기억할 일
• ~~1:00~3:00 인류학 읽기 과제~~	• 집에 전화하기
• ~~3:00~6:00 정치학 리포트 작성~~	• 하계 인턴십 검색
• ~~7:00~8:00 사라랑 저녁약속~~	• 기타 연습 일정 잡기?
• ~~9:00~10:00 정치학 리포트 수정~~	
• 10:00~11:00 화요일 정치학 수업 읽기 과제 시작	

표3은 스티븐이 어제 사용한 데일리 리스트에 적힌 내용이다. 여기서 주목할 점이 몇 가지 있다. 먼저 캘린더의 오늘 날짜에는 스티븐이 해야 할 많은 일이 적혀 있다. 분명 열두 시간 내에 모두

끝내기에는 무리이므로 이 중 몇 개는 다른 날짜로 옮겨야 할 것이다. 또한 스티븐의 어제(일요일) 계획을 살펴보자. 어제는 평소와 크게 다르지 않은 날이었다. 토요일 밤을 신나게 보낸 후 일요일은 당연히 늦게 시작했고, 이제 할 일이 많다. 계획대로 열심히 10시까지 리포트를 작성하고 나니 극도로 피로해지는 바람에, 계획했던 화요일 정치학 수업 읽기 과제는 시작하지 못했다. 그러니 읽기 과제는 오늘로 옮겨야 할 것이다. 마지막으로, 기억할 일 부분의 '기타 연습 일정 잡기' 같은 장기 계획을 살펴보자. 이 부분은 데일리 리스트에서 참 유용한 부분이다. 정규 수업 외의 일정이나 개인적인 계획에 관한 생각이 떠오를 때 내용을 적어 두었다가 캘린더로 옮기면, 잊지 않고 구체적인 행동으로 옮길 수 있다. 이제 스티븐이 수업 시작 전에 어떻게 이 모든 부분을 정리하는지 살펴보자.

스티븐이 가장 먼저 할 일은?

첫 번째 단계는 실제로 마칠 수 있는 분량을 파악하기 위해, 오늘 할 일들의 시간을 계획해 보는 것이다. 캘린더의 오늘 날짜에 적힌 항목들과 어제 데일리 리스트에서 마치지 못한 일들을 토대로 스티븐은 많은 일을 계획해야 한다. 전략은 간단하다. 하루 일정이 꽉 찰 때까지 우선순위에 따라 해야 할 일들의 시간을 계획하고, 나머지는 캘린더의 다른 날짜로 옮기는 것이다. 그러나 효율적으로 시간을 계획하기 위해서는 사용할 수 있는 시간이 얼마나 되는지부터 파악해야 한다. 스티븐은 재빨리 머릿속으로 다음과 같이 점검한다.

9시 30분부터 10시 30분까지 수업이 있고, 11시부터 12시까지 수업이 하나 더 있지. 7시 저녁 약속이랑 바로 다음에 시작하는 토가 파티 사이에는 아무것도 못 하겠군. 저녁 약속 전에 한두 시간 정도는 준비를 좀 해야 할 테니까(토가가 잘 어울리려면), 5시까지는 공부를 다 마쳐야겠어.

이렇게 빈 시간을 계산하여 스티븐은 해야 할 일들을 배치한다. 스티븐의 사고 과정은 다음과 같다.

10시 30분부터 11시까지 있는 쉬는 시간에 자잘한 일들을 마쳐야겠어. 휴대폰 요금을 내고, 아빠 생신 선물도 사고, 마크가 빌려준 CD도 돌려줘야겠다. 두 번째 수업 끝나고 점심을 먹어야 하는데, 그러려면 정치 수업 읽기 과제를 바로 시작해야겠군. 내일까지 해야 하니까, 관련 글 세 개를 읽어야 하는데, 현실적으로 두 시간은 족히 걸릴 테니 1시부터 3시까지 하면 되겠네. 음, 이렇게 되면 남는 시간이 없네. 수요일 아침까지 마무리해야 하는 경제학 연습문제 풀이를 시작해야 하는데, 이건 3시부터 4시 30분 사이에 하면 되겠다. 좋아, 이제 나머지 30분 동안은 무얼 할까? 또 끝내야 할 게 있었나? 인류학 리포트 주제를 내일까지 결정해야 하니까, 4시 30분부터 5시 사이에 그걸 하면 되겠네. 좋아, 여기까지.

이쯤이면 거의 됐다. 이제 구체적으로 계획하지 못한 일을 다른 날짜로 옮기는 일만 남았다. 여기서 기억할 것은, 이 할 일들이란 오늘 계획되지 않은 할 일 항목과 어제의 데일리 리스트 중 '기억할 일'의 항목을 모두 포함하는 것이다.

어제 데일리 리스트에 '집에 전화하기'가 있었지… 이번 주는 바쁠 테니… 좋아, 금요일 날짜에 이걸 적어 두면 되겠다. 그때쯤이면 숨 좀 쉴 만하겠지. 그런데 이 나머지 두 개-인턴십 검색이랑 기타 연습 일정 잡기-를 할 시간은 전혀 안 날 것 같으니 중간고사 후 첫 번째 주말쯤으로 옮겨 놓아야겠어. 그때쯤에는 시간이 날 거야. 그리고 또 뭐가 있지? 오늘 날짜에 있는 할 일들 중에 아직 시간을 못 낸 것들이 있었지. 문제없어. 인류학 읽기 과제는 내일로 옮기고, 정치학 리포트 준비는 수요일로 옮기자-경제학 연습문제 풀이를 끝내야 이걸 할 수 있겠어.

이제 됐다. 스티븐이 공들이는 시간 관리는 끝낸 셈이다. 스티븐은 학교에 가기 전, 데일리 리스트용 종이 한 장을 노트에서 떼어낸 다음, 이 종이를 두 칸으로 나누어 조금 전 계획한 오늘 할 일을 적는다. 표4는 스티븐이 모든 것을 마치고 방을 나설 때 들고 있던 데일리 리스트이다.

표4. 스티븐의 월요일 아침 데일리 리스트

3월 14일 월요일

오늘의 일정	기억할 일
• 9:30~10:30 수업 • 10:30~11:00 아빠 생신 선물 사기, 휴대폰 요금 납부, 마크 CD 돌려주기 • 11:00~12:00 수업 • 12:00~1:00 점심/휴식 • 1:00~3:00 정치학 수업 읽기 과제 • 3:00~4:30 경제학 연습문제 풀이 시작 • 4:30~5:00 인류학 연구조사 리포트 주제 설정 • 5:00~7:00 근육 만들기 • 7:00 저녁 식사 후 지못미 토가 파티(그리고 근육 자랑!)	• 집에 전화하기 • 하계 인턴십 검색 • 기타 연습 일정 잡기

스티븐이 이 모든 과정을 마치는 데는 3~5분밖에 걸리지 않았다. 시간 관리를 반복하다 보면 더 익숙해질 것이며, 캘린더의 내용을 수정하거나 업데이트하며 하루의 계획을 적는 일은 곧 아침에 샤워하는 것만큼이나 일상적인 일이 될 것이다. 계획적인 시간 관리는 하루에 딱 한 번이라는 사실을 명심하자. 이제 스티븐은 마감 시한을 잊거나 혼동할 우려 없이 월요일을 맞이할 수 있다. 스티븐은 잘 정돈된 일정에 따라 해야 할 일을 해나갈 것이다.

스티븐의 계획에는 융통성이 있으며, 스티븐은 자신의 계획을 신뢰한다. 이제 스티븐이 어떻게 이 계획을 수행하는지 살펴보자.

월요일 낮

순조롭게 하루를 시작한다. 스티븐은 10시 30분에 계획된 자잘한 일을 잘 마친다. 그런데 두 번째 수업을 듣다가, 연체한 책을 도서관에 반납해야 한다는 사실이 생각났다. 어렵지 않다. 스티븐은 주머니에서 데일리 리스트를 꺼내 '기억할 일'에 '책 반납'이라고 적는다. 잠시 후, 교수가 중간고사 날짜와 시간을 공지한다. 계획할 일이 생겼다. 그러나 이 역시 스티븐에게는 고민할 일이 아니다. 데일리 리스트에 '정치학 중간고사(4/5, 4PM) 준비 계획하기'라고 적고, 내일 아침에 적절히 계획하리라 생각하며 강의실을 나선다.

느긋하게 점심을 먹고, 스티븐은 도서관에서 정치학 읽기 과제와 씨름한다. 과제가 평소보다 적어서 고맙게도 2시 30분에 모두 끝났다. 그리고 도서관을 나서는 길, 우연히 만난 친구가 월마트에 잠깐 같이 가달라며 스티븐을 설득한다. 솔직히 이건 설득할 일도 아니다. 월마트에 가기 싫어할 사람은 없으니까! 계획에 없던 외출을 하고 학교에 돌아오니 3시 30분. 이제 일정이 계획보다 뒤처졌다. 잠깐 메일을 확인해 보니 같은 수업을 듣는 친구에게서 4

시에 경제학 연습문제 풀이 스터디가 있는데 참석할 것인지를 묻는 메시지가 와 있다. 스티븐은 즉시 참석하겠다고 회신한 후, 데일리 리스트를 꺼내 '오늘의 일정'에 변경된 사항을 써넣는다. 스티븐은 '인류학 연구조사 리포트 주제 정하기'를 앞당겨서 지금 시작하기로 하고, 경제학 연습문제 풀이는 방금 알게 된 스터디 모임으로 대체한다.

이 시간 관리법의 장점 중 하나는 융통성이다. 계획한 일정은 변경되기 마련이지만, 이 방법을 사용하면 예상치 못한 일이 생겨도, 원위치로 쉽게 돌아올 수 있다. 표5는 스티븐의 변경된 데일리 리스트이다.

표5. 스티븐의 월요일 오후 데일리 리스트

3월 14일 월요일

오늘의 일정	기억할 일
• ~~9:30~10:30 수업~~ • ~~10:30~11:00 아빠 생신 선물 사기, 휴대폰 요금 납부, 마크 CD 돌려주기~~ • ~~11:00~12:00 수업~~ • ~~12:00~1:00 점심/휴식~~ • ~~1:00~3:00 정치학 수업 읽기 과제~~ • 3:00~4:30 인류학 연구조사 리포트 주제 설정 • 4:30~5:00 경제학 연습문제 풀이 시작 • 5:00~7:00 근육 만들기 • 7:00 저녁 식사 후 지못미 토가 파티(그리고 근육 자랑!)	• 연체 도서 반납 • 정치학 중간고사 준비 계획 (4/5, 4PM)

인류학 리포트는 착착 진행되어 간다. 마음에 드는 주제를 골랐으며, 이제 경제학 스터디 그룹 모임으로 향한다. 그리고 연습문제 풀이를 마무리하기 위해 친구들은 화요일 아침에 한 번 더 만나기로 한다. 스티븐은 즉시 '기억할 일'에 '경제학 스터디(10AM)'이라고 적고 체육관으로 향한다. 오늘 공부는 이것으로 끝난다.

결과

오전과 파티가 시작되기 전의 오후 동안 많은 일을 마친 스티븐은 더없이 편안하고 즐거운 시간을 보냈다. 또한 새롭게 생긴 할 일과 마감 시한도 빠짐없이 적어, 모든 일을 자신의 시스템에 집어넣었으므로, 스티븐은 아무 걱정 없이 이 일들을 해나갈 것이다. 가장 중요한 것은 이렇게 시간을 관리하고 있으므로, 아침에 5분 정도 하루를 계획하는 일과 오후에 잠깐 일정을 조정하는 일 외에는 시간 관리에 대해 크게 신경 쓰지 않아도 된다는 점이다.

본 사례 탐구의 시작 부분에서 이야기했듯이, 간편하게 일정을 관리하는 방법이 없었더라면, 스티븐은 어떤 하루를 보내게 되었을까? 보통의 학생처럼 단순히 끝내야 할 일들만 기억하려 했다면 어땠을까? 분명히 마크에게 CD 돌려주기나 휴대폰 요금 납부하기와 같은 자잘한 일은 하지 못했을 것이다. 인간은 절실하지 않은 잔일은 잘 하지 않는다. 또한 스터디 모임으로 인해, 인류학 리포트 주제 정하기는 까맣게 잊어버렸을 수도 있다. 일요일에 작성한 '집에 전화하기, 인턴십 검색 계획하기, 기타 연습 일정 잡기'처럼 길게 내다보고 계획해야 할 일은 또 어떤가? 당장 해야 할 일은 아니므로 한없이 미뤄졌을 것이다.

중요한 것은, 시간을 관리하지 않았더라면, 월요일에 할 수 있는 일이 훨씬 적었으리라는 점이다. 사실 눈에 보이는 가장 중요한 과제는 내일까지 해야 하는 '정치학 읽기 과제'였으므로, 종일 정치학 과제에만 매달렸을 가능성이 크다. 아니면, 자유 시간을 다 누리고 오후 늦게서야 시작했을지도 모르겠다(보통의 학생은 꽤 오랜 자유 시간을 누리고서야 공부를 시작한다). 실제로 이 과제를 끝내는 데 두어 시간밖에 걸리지 않는데도 말이다. 만약 오후에도 과제를 시작하지 않았더라면, 5시 무렵에나 겨우 끝내, 경제학 연습문제 풀이와 인류학 리포트 주제 정하기는 시작도 못 했을 것이다. 그러나 스티븐은 5시까지 여섯 개의 과제를 모두 마무리하고, 운동할 시간과 파티에 갈 여유 시간까지 충분히 확보했다.

이처럼 스티븐은 하루 한 번, 몇 분밖에 걸리지 않는 시간 관리법을 통해 스트레스 없이 생산적인 하루를 보냈다. 누구나 할 수 있다. 다시 말하자면, 매일 아침 5분과 주머니에 속에 간소한 쪽지 한 장이면 과제와 씨름하며 스트레스 속에서 허우적대는 생활이 아닌, 정돈되고 느긋한 대학 생활을 할 수 있다. 잠깐의 계획이 먼 길을 바꾼다.

2단계 / 게으름과의 전쟁에서 승리하는 법

우리는 지혜롭게 하루를 계획할 간단한 시간 관리법에 대해 이야기했다. 여기까지는 쉬웠다. 해야 할 일을 확인하기 위해서 5분 정도 투자하는 일은 어렵지 않다. 정말 어려운 부분은 계획한 일을 실행에 옮기기 위해 동기를 부여하는 일이다. 일정을 계획하고 관리하는 일에 실패하면 학생으로서의 만족도와 성취도가 떨어진다. 의도가 얼마나 좋았던지 말이다.

독자들도 예상하겠지만, 이 책을 쓰기 위해 인터뷰를 진행하는 동안 나는 게으름의 문제에 큰 비중을 두었다. 올에이 우등생들은 과제가 주어지면 이를 꾸준히 관리하는 방법을 제대로 알고 있었으며, 나는 그 방법을 밝히고자 했다. 그러나 결과는 놀라웠다. “어떻게 게으름을 물리치는가?”라는 인터뷰에 응한 학생들은 다음과 같이 응답했다.

“물리치지 않는다.”
“물리치는 일이 거의 없다.”
“물리칠 수 없다고 생각한다.”

내가 예상한 답이 아니었다. 말이 안 되었다! 공부법과 과제 준비법에 대한 답변을 보면, 분명히 모질게 게으름을 떼어내고 있는 것처럼 보이는데, 어떻게 하나 같이 게으름을 물리치지 않는다고 답한단 말인가? 어떻게 된 일일까? 다행히 많은 학생이 이러한 궁금증을 풀어 줄 만한 설명을 덧붙였고 나는 그들의 말을 이해했다. 컬럼비아대의 올에이 우등생 리는 이렇게 말했다. “물리칠 수 없다고 생각한다. 경계를 정하기만 하면 된다.” 다트머스대의 올에이 우등생 라이언은 이렇게 말했다. “게으름을 물리치지 않는다. 그럼에도 불구하고, 나는 형편없는 학생은 아니다.” 또한, “내가 게으름을 물리친 적이 있기나 한지 모르겠다.”라고 답변을 시작한 하버드대의 올에이 우등생 크리스틴은 “하지만 게으름이라는 피할 수 없는 적을 조금 덜 파괴적인 것으로 바꾸는 방법을 찾았다.”라고 끝을 맺었다.

올에이 우등생들의 답을 살피며 나는 조금 더 명확한 그림을 그려볼 수 있었다. '게으름을 물리치지 않는다'는 응답은 사실 '게을러지려는 충동을 막으려고 하지 않는다'라는 의미이다. 그렇다면 말이 된다. 간단히 말해, 싫은 건 싫은 거다. 인터뷰에 응한 올에이 우등생들처럼 우리도 하기 싫은 일에 대해서는 한없이 게을러지고 싶을 것이다. 이는 피할 수 없는 사실이다. 그러므로 어떻게 하면 모든 일에 애정을 갖고 절대 게을러지지 않을지를 설명하는 일은 무의미하다.

대신, 게으름이 밀려올 때 이 피할 수 없는 충동을 다소 완화하는 데 초점을 맞춘 몇 가지 전략을 설명하려고 한다. 게으름을 완전히 타파하는 대신 말이다. 올에이 우등생들은 이 전략을 이용해 게으름이 일정을 모조리 헝클어뜨리는 일을 막는다. 그들은 강인한 정신력과 동기에만 의지하기보다 게으름이라는 자연스러운 욕구를 최소화시키는 구체적이고 검증된 규칙을 무기로 삼는다. 이들도 완벽하지 않으며, 가끔 특별한 이유 없이 해야 할 일들을 미루기도 한다. 하지만 이 전략을 통해 결국 또래들보다 훨씬 효율적으로 계획한 일을 마친다. 차이는 여기서 생긴다.

이제 올에이 우등생들과의 인터뷰를 통해 얻어낸 다섯 가지 게으름 퇴치 전략을 소개하려고 한다. 이 기술들은 이론이 아니라, 실제로 올에이 우등생들이 게으름을 물리치기 위해 반복하는 것들이다. 이 전략을 믿고, 당장 실행에 옮기자. 그리고 습관으로 만들자. 게으름에 빠지려는 충동을 완벽하게 없애지 못해도 괜찮다. 이 전략을 적절하게 구사한다면, 적어도 나태함의 충동을 이기지 못하리라는 두려움에서 해방될 수 있을 것이다.

목표 달성 일지를 작성한다

최근에 중요한 일을 미뤘던 경험을 떠올려 보자. 일을 미룬 이유로 만들어 낸 궁색한 변명들이 떠오를 것이다. '지금은 공부하는 데 필요한 자료가 부족해. 하지만 내일이면 자료를 다 준비해서 바로 시작할 수 있을 거야.', '지금은 너무 늦었어. 집중도 잘 안 돼. 지금 시작하는 건 시간 낭비야. 아침에 말끔한 정신으로 해치워 버려야지.'가 그 예들이다. 왜 이런 변명이 필요할까? 단순하게 생각할 수는 없을까? '이건 너무 지루하고, 나는 지금 손가락 하나 까딱하기 싫어. 그러니까 하지 않겠어.'라고 하는 편이 진실에 가깝지 않을까? 해답은 우리의 자아가 매우 강하다는 데에 있다. 할 일을 미루면서도 미루고 있다는 사실을 받아들이지 않는다. 그래서 변명을 만들어 낸다.

목표 달성 일지는 게으름과 멀어지기 위해 현실적인 부분을 역이용하는 간단한 도구이다. 이 일지는 다음과 같이 만들어 사용한다. 일단, 저렴한 스프링 노트 한 권을 구입해서 캘린더와 함께 보관한다. 매일 아침 하루 일정을 계획할 때 노트에도 날짜를 적고 계획한 일 중 가장 중요한 몇 가지를 간단하게 적는다. 하루를 마칠 무렵, 노트에 적힌 항목들을 모두 마쳤다면 '완료'라고 적는다. 마치지 못한 일에는 그 이유를 함께 적는다.

매일 아침 일정을 계획할 때와 매일 밤 잠자리에 들기 전에 잠깐만 시간을 내면 할 수 있다. 이 방법은 단순해서 습관으로 만들기 좋으며, 놀랍게도 효과는 즉각적이다. 펜을 들고, 노트에 별다른 이유 없이 게으름을 부렸다는 사실을 적으면서, 우리는 자신의 모습을 여과 없이 알게 된다. 지루한 일 하나를 미루며, 구차하고 똑같은 변명을 노트에 직접 적다 보면 자신의 어리석음을 깨닫고 더는 합리화하지 않게 될 것이다. 이런 변명이 반복해서 일지에 적히면 현실에서 도망칠 수 없다. 스스로가 게으르다는 사실이 끔찍해서 곧장 게으름에서 벗어나기 위해 무엇이든 하게 될 것이다.

이런 이유에서 일지는 바로 어깨 위에 앉아서 귀청이 울리도록 소리치는 트레이너와 같다. "제군, 가서 베개를 가져오도록! 나는 이제 잠을 좀 청해야겠어. 오늘 오후에 자네가 리포트 작성을 미루고 있는 것을 본 듯한데 말이야. 내가 바로 옆에 서 있는데 자네가 그런 헛소리를 할 리가 있나! 자, 내가 펜을 들고 누구라도 볼 수 있는 곳에 제군이 게으르다고 굵직하게 써 주기 전에, 가서 노트를 펴들고 공부를 시작하라고!"

나를 포함한 많은 학생이, 이례적으로 바쁜 기간에는 자신을 고무시키기 위해 목표 달성 일지를 쓰고는 한다. 나도 학과 공부와 대학원 입학 준비, 책 집필을 병행하던 4학년 가을 학기에 목표 달성 일지를 쓰며 큰 도움을 받았으며, 달성 일지를 쓰며 학과 공부와 법학 대학원 시험 준비를 병행하며 좋은 결과를 얻은 학생도 있다. 그리고 어떤 학생들은 친구들과 서로의 일지를 일주일에 한 번씩 바꾸어 보기까지 한다. 하버드대의 크리스틴은 "같은 과목을 수강하는 친구가 있다면, 서로의 진행 상황을 확인해 보라."라고 제안한다. 일지를 함께 써나갈 친구가 없다면 일지의 효과를 낼 다른 방법을 쓰면 된다고 한다. "망설이지 말고 룸메이트에게 목표를 이야기하자. 그리고 잔소리해달라고 하라. 죄책감을 느껴 공부를 시작할 수 있게 도와달라고 하라."

몸에서 에너지가 고갈되면 일을 미루게 된다. 대부분의 학생이 그 상태를 안다. 생각이 둔해지고, 단어 하나 기억하지 못한 채 본문을 읽어 나가며, 간단한 메모를 다는 것도 벅차게 느껴진다. 이런 상태에서는 계획한 일을 할 수 있도록 각성하기조차 힘들다. 그러므로 장시간 공부할 일이 있을 때는 몸이 제 기능을 발휘하도록 연료를 채워야 한다. 두뇌를 기계라고 생각해 보자. 게으름을 물리치려면 집중하여 싸울 수 있도록 에너지를 공급해야 한다. 몸은 돌보지 않으면 배신하는 법이다. 공부할 때 두뇌의 에너지를 최고로 끌어올릴 영양의 법칙은 간단하다.

수분을 충분히 섭취한다

물병을 휴대하거나 식수대를 자주 이용하자. 공부할 때 내가 즐겨 찾는 장소에는 식수대와 함께 작은 종이컵 디스펜서가 있다. 나는 45분마다 작은 종이컵으로 다섯 번 물을 마셨다. 이렇게 하면 놀랍게도 활기가 생기고 힘이 났다. 몸이 제 기능을 하려면 물이 필요하다. 수분은 몸속 에너지를 배가시키고, 지루함으로 생기는 음식에 대한 욕구를 낮추며, 졸음을 쫓아 준다. 물을 많이 마셔서 생기는 부작용은 크게 걱정하지 않아도 된다. 다트머스대의 올에이 우등생 그레타는 의기양양하게 말한다. “화장실에 자주 가면 정신이 난다.”

카페인 섭취에 주의한다

카페인 음료는 한 시간에 커다란 컵으로 한잔 이상 마시지 않는다. 콜라나 커피 한잔 정도는 집중력을 강화할 수 있지만, 짧은 시간에 지나치게 많은 양의 카페인을 섭취하면 쉽게 예민해지고 집중력이 흐려진다. 커피를 마시려면, 처음에는 공부에 시동을 걸 수 있도록 진하게 해서 마시고, 다음 한두 시간은 카페인이 다량 함유한 음료 대신 디카페인 커피나 차, 물을 마신다. 그런 뒤 다시 진한 커피를 마신다.

음식은 심리적 만족감이 아닌, 에너지원으로 쓰기 위해 먹는다

공부할 때는 오랫동안 에너지원으로 쓰일 수 있는 음식을 적절히 섭취한다. 채소, 과일, 통곡물, 지방 함유율이 낮은 단백질류, 견과류나 식사 대신에 할 수 있는 그라놀라 등이 좋다. 설탕이나 백밀 같은 정제된 탄수화물류는 빠르게 에너지를 공급했다가 소모시켜 오히려 식욕을 자극하므로, 공부할 때는 무슨 수를 써서라도 이런 해로운 간식을 피해야 한다. 물론, 첫 번째 규칙인 수분을 충분히 섭취하면 특정 음식에 대한 욕구가 줄어들어 몸에 이로운 음식을 먹기가 쉬워진다.

끼니를 거르지 않는다

간식만으로는 긴 시간 동안 두뇌에 영양을 공급할 수 없다. 가장 바쁠 때도 평소처럼 식사해야 한다. 빨리 공부를 시작하기 위해 아침을 거르거나, 점심을 미루면 간식으로는 채울 수 없는 허기를 느끼게 되며, 저혈당으로 집중력이 떨어지고 게으름을 부리게 될 수 있다. 규칙적으로 식사를 챙겨야 할 이유이다. 시간에 쫓긴다면 빨리 먹자. 비교적 덜 붐비는 구내식당에서 샌드위치를 사서 먹고, 남으면 공부하는 장소로 가져와 먹자. 절대로 쫄쫄 굶어서는 안 된다.

지긋지긋한 과제를 이벤트로 만든다

너무 싫은 과제는 생각만으로도 진저리가 난다. 나에게는 대학원에 지원할 때 써야 했던 자기소개서가 그랬다. 많은 학생이 긴 리포트의 첫 단락을 써야 하거나, 입사지원서에 넣을 커버 레터를 짜내야 하거나, 한없이 지루한 주제에 분량마저 방대한 읽기 과제 속으로 터벅터벅 들어가야 할 때 이런 경험을 한다(고대 키프로스 섬의 화병 제작에 사용된 다양한 종류의 진흙에 관해 까다롭게 묘사한 지문을 절대로 잊을 수 없다).

웬만한 노력으로는 이러한 과제를 시작하는 일마저 쉽지 않다. 하지만 너무 부담스러워할 필요 없다. 다트머스대의 올에이 우등생 로라는 이렇게 말한다. "달갑지 않은 부분을 공부해야 할 때는 그 일을 이벤트로 만들어 본다." 먼저 자연이 어우러진 식당이나 커피숍, 북 카페 같은 곳을 찾는다. 교내에서 도보로 갈 수 없을 만큼 먼 거리면 좋다. 자리를 뜰 유혹을 받지 않을 수 있다. 그리고 과제를 가지고 나가 있을 시간을 정한다. 주변 사람들에게 이 시간 동안은 학교에 있지 않을 것이며, 과제를 끝낼 생각이라 머리가 깨질 지경이라고 조금 과장해 말해 두는 것도 잊지 말자. 많은 사람이 이 이벤트에 대해 알면, 과제를 그만둘 수 없을 것이다.

색다른 장소인 점, 캠퍼스에서 멀다는 점은 지긋지긋하고 끔찍한 과제를 해치우기 위해 시동을 걸 동기가 된다. "환경을 바꾸면 몸이 공부 모드로 바뀐다. 일하려고 사무실에 출근하는 것처럼 말이다." 예일대의 올에이 우등생 션은 말한다. 그는 평소에 공부하는 곳이 아닌, 새로운 학습 장소를 마련하기 위해 많은 정성을 들인다. 적어도 그곳에서는 방해받지 않기 때문이다. 캠퍼스와 떨어진 장소는 친구들이나 동아리방과도 멀어진다는 말이다. 이제 낯선 사람뿐인 공공장소의 테이블에 혼자 앉아 있을 뿐이다. 무엇이라도 시작하지 않으면 사람들은 궁금해할 것이다. '저기 혼자 앉아서 멍 때리는 애는 누구지? 노숙자인가? 아니면 소매치기나 강도? 뭐 하려는 셈이지?' 하고 말이다. 로라는 말한다. "사람들을 바라보며 가만히 앉아만 있으면 이상해 보일 것이다. 그러니 어떤 과제물이든 가져갔으면 마치는 수밖에 없다."

언제나 그렇듯 시작이 반이다. 일단 시작하고 묵묵히 해 나가면 고통은 사라지고 본래의 컨디션을 되찾아, 그리도 끔찍했던 과제의 끝을 볼 수 있게 된다.

규칙적이고 반복적인 학습 습관을 들인다

일정은 매일 변한다. 하지만 적어도 일관되게 비워 둘 수 있는 시간을 주중에 단 한 시간씩이라도 확보하자. 주로 이른 오전 수업 직후, 늦은 오전 수업 직후가 좋다. 늦은 오후나 저녁 시간대는 친구들이 불러내는 등 예상치 못한 일로 덜미가 잡히기 쉽기 때문이다.

일단 이렇게 방해받지 않는 시간대를 파악했다면, 매주 그 시간대에 같은 종류의 공부를 하자. 예를 들어, 월요일, 수요일, 금요일에는 역사학 읽기 과제를 조금씩 해 나가고, 화요일과 목요일에는 일주일 분량의 통계학 연습문제를 푸는 식으로 말이다. 이렇게 하는 이유는, 꾸준히 해야 할 종류의 공부를, 할까 말까 고민하지 않아도 될 습관으로 만들기 위해서이다. 매주 같은 시간대에 같은 일을 하는 규칙적이고 반복적인 흐름을 만드는 것이다.

브라운대의 올에이 우등생 사이먼은, "아주 오래전에 나쁜 습관의 가장 성가신 부분-이른바 반복이라는-을 달리 적용하면 꽤 유용해진다는 사실을 알았다. '매주 같은 시간대에 같은 종류의 공부'를 하는 좋은 습관은 좀처럼 없애기 어렵다."라고 말한다. 물론, 일주일에 다섯 시간 동안 필요한 모든 부분을 끝내기는(그렇게만 한다면 좋겠지만) 어렵다. 하지만 이 시간을 꾸준히 이용하면, 존재조차 하지 않았던 다섯 시간 분량의 결과물을 눈으로 확인할 수 있을 것이다.

그리고 중요한 점은, 하루 중 첫 번째로 하는 일이 동기 부여의 원천이 된다는 사실이다. 일단 중요한 과제 하나를 끝내면 다음은 훨씬 쉽다. 그러니 사이먼의 말처럼, 간단하고 좋은 습관을 정착시켜 효과적인 하루를 만들기 위해 노력하자.

집중 공부의 날을 정한다

대학생이라면 꼼짝없이 공부만 해야 하는 날도 있다. 때로는 균형 잡힌 일정만으로는 감당하기 어려운 학습량을 소화해야 하기 때문이다. 이런 날은, 휴식이나 친구와 노는 일은 멀리하고, 공부에만 열중해야 한다. 다트머스대의 올에이 우등생 제러미가 언급하듯 말이다. "가끔 먹을 것을 싸 들고 방에 틀어박힌 채 공부만 해야 하는 때도 있다." 그러나 이렇게 어쩔 수 없는 상황에서도 그 여파를 줄일 방법은 있다.

당장 며칠 안에 끝내야 할 과제가 산더미처럼 쌓여 있다면, 며칠을 고생할 수밖에 없다. 이럴 때는 미리 계획하자. 마감 시한이 코앞에 닥쳐서 당장 덤비지 않으면 안 될 때까지 기다려서는 안 된다. 그보다 이삼일 앞당겨 '집중 공부의 날'을 정한다. 미리 날짜를 계획하면 이틀을 통으로 밤새우지 않아도 되며, 갑작스러운 학습 강도에 폭발하지 않을 수 있다. 그리고 긴장을 푸는 활동을 하는 날을 '집중 공부의 날' 전후로 배치한다. 긴장을 푸는 활동은 공부 무덤의 후유증을 완화해 줄 것이다. 제러미는 "토요일에 종일 공부하고 나면, 그날 밤에 신나게 나가 놀거나 일요일 하루를 온전히 쉰다."라고 말한다.

마음의 준비도 해야 한다. 친구들에게 언제 집중적으로 공부할지 이야기해 두고, 연락이 뜸할 것을 예고하며 격려를 부탁하자. 주변의 모든 친구들이 화요일은 폭풍의 시간이 되리라는 것을 알면, 두문불출 공부만 하기 쉬워진다. 게다가, 공부 폭풍이 다가온다는 말로 친구들의 동정과 응원을 모아 두면, 그날 오후 팬티 바람으로 발이 리모컨을 대신하는 상황을 들키는 일은 없을 것이다.

이렇게 규칙적인 일과를 바탕으로, 집중해서 공부하는 날을 미리 계획해 두면 많은 양의 공부 뒤에 따라오는 부정적인 영향을 크게 줄일 수 있다. 어쩔 수 없이 공부만 해야 하는 상황에서는 누구나 지치고 시달리는 기분을 느낀다. 그러나 하루를 계획하고, 주변에 이러한 계획을 알리고 나면, 달성한 뒤 느끼는 만족감이 크다.

사실 이 전략은 시간 절약보다 심리적인 준비를 위함이기도 하다. 효과는 생각보다 놀라울 것이다. 일상의 주인이 되는 것 자체가 소중한 법이다.

3단계 / 세 가지 중요한 공부 기술

무엇이든 사소하다 생각했던 것들이 승패를 가르며, 공부에서는 더 그러하다. 시험공부와 자료 정리의 올바른 방법을 세부적으로 다루기에 앞서, 반드시 짚고 넘어가야 할 기본적인 사항들이 있다. '하루 중 언제 공부해야 할까? 어디에서 공부해야 할까? 휴식 시간을 갖기 전에 얼마나 공부해야 할까?' 이 질문들에 대해 올바른 답을 찾는다면 짧은 시간에 더 많은 양을 공부하여 학습의 효율성을 높일 수 있다. 반면 잘못된 답을 찾는다면 오히려 공부하는 시간이 오래 걸리고, 과정이 필요 이상으로 어려워진다.

올에이 우등생들은 이 질문에 대한 이상적인 답을 찾아내기 위해 많은 정성을 들인다. 이들은 언뜻 중요하지 않아 보이는 것들로 인해 노력의 결과가 달라질 수 있다는 사실을 알기에 여러 시행착오를 거치며 효과적인 전략을 찾는다. 3단계에서는 이러한 실험의 결과를 토대로 검증된 세 가지 중요한 공부 기술을 소개한다.

질문: 공부를 시작하기 제일 좋은 시간은?

답: 일찍.

브라운대의 사이먼은 "일정에 따라 수업 직후나 공강 시간에 바짝 집중해서 공부할 때가 좋다. 절대로 공부를 밤늦게까지 해야 할 정도로 미루지 않는다."라고 말한다. 여기서 중요한 사실은, 가장 효율적으로 공부할 수 있는 시간은 기상 직후부터 점심시간 사이라는 점이다. 이 시간대에 최대한 많은 부분을 끝내야 한다.

대부분의 학생은 언뜻 이해가 안 될 것이다. 공부하기 좋은 시간대를 저녁이라고 생각하기 때문이다. 보통 오전과 오후에는 항상 일정이 가득 차 있다. 아침과 저녁에는 수업, 식사, 모임 및 기타 번잡한 일정이 선수 치고 있어, 규칙적으로 같은 시간대를 확보해 자리잡고 제대로 공부하기 쉽지 않다. 반면, 밤은 하나의 길고 덩어리진, 공부하기 안성맞춤인 시간대처럼 보인다. 정말 그런가?

답은 '그렇지 않다'이다. 일단, 저녁 시간은 생각만큼 길지 않다. 사실 저녁을 먹고 공부할 자료를 챙겨서 겨우 책상에 앉는 시점부터 늦었다. 졸음은 생각보다 일찍 밀려온다. 그리고 저녁 시간은 생각만큼 자유롭지 않다. 저녁은 황금 시간대다. 놓칠 수 없는 텔레비전 프로그램이 있는가 하면, 복도 끝에서 들려오는 파티 음악 소리가 귀에 살랑거리기도 한다. 밤은 사람들이 가장 모이고 싶어 하는 시간이다. 사람들은 밤에 영화를 보고, 파티에 간다. 공연 등 대학 행사도 밤에 열린다. 기숙사 방에서는 삼삼오오 모인 학생들이 수다를 떨고 즐긴다. 이런 유혹을 충분히 이겨낼 만큼 따분한 사람은 거의 없다! 그리고 이를 이겨낼 필요도 없다.

마지막으로, 저녁은 몸이 이완되는 시간이다. 긴 하루의 활동이 끝나면 몸은 서서히 잠으로 빠져들 준비를 한다. 늦은 시간에 이르기 전에 두뇌에 필요한 에너지는 이미 고갈된 상태다. 7시에서 8시 무렵이면 집중력은 자연스럽게 흐릴 대로 흐려진다. 따라서 저녁 식사 이후에 공부한다면 분량을 최소화해야 한다.

한편, 낮에 공부하는 것도 호락호락하지 않다. 앞서 언급했듯이 아침이나 오후에는 충분한 시간을 확보하기가 어렵다. 공부를 반드시 한번에 끝내야 한다는 생각을 버리자. 공부할 자료를 항상 가지고 다니면서 잠시라도 여유가 생기면 공부해 능률을 높여야 한다. 애머스트대의 올에이 우등생 웬디는 "다른 일을 하다가 짬이 날 때를 대비해서 읽어야 할 책을 가지고 다닌다."라고 말한다. 하버드대의 도리스도 모임이나 수업 사이사이 30~40분가량 되는 짧은 시간을 이용해 공부한다고 말한다. 이 방법을 지속하다 보면, 바쁜 낮 동안에 자신도 모르게 엄청난 분량의 공부를 했다는 사실을 깨닫고 놀랄 것이다.

비결은 효율성이다. 다음 수업 전까지 한 시간의 여유가 있다면,

바로 도서관에 가거나, 다음 수업 장소에서 가까운 공부할 만한 공간을 찾아간다. 그리고 가는 길에 마음의 준비를 해서, 자리에 앉자마자 집중할 수 있도록 한다. 낮에는 되도록 기숙사 방이나 공공장소를 피하자. 공부하는 상태는 휴식하는 상태와 분리되어야 한다. 방이나 학생회관 같은 곳에서 친구들과 어울리다 보면, 방해받기도 쉽고 그다지 재미없는 대화로 시간을 허비할 수도 있다. 낮에는 유령이 되자. 대학생이 된 닌자처럼 다 마친 과제의 으스스한 흔적만 남겨 놓은 채, 여기저기 숨겨진 장소로 옮겨 다니자(적절한 장소의 선택에 관한 세부 내용은 '어디에서 공부할 것인가?'를 참고한다).

물론 아웃사이더가 되라는 말은 아니다. 오늘 해야 할 공부를 마치면, 그다음에는 마음껏 즐겨도 된다! 마음껏 먹고 마시자. 공강 시간에 시답잖은 이야깃거리 하나를 놓쳤다고 해서 친구들과 멀어지는 것은 아니다. 일과를 마치고 난 뒤에 더 재미난 시간이 온다. '열심히 공부하고 열심히 노는 것'이 '대충 열심히 공부하고 대충 열심히 노는 것'보다 낫다는 사실을 기억하자.

일찌감치 공부하고 일정을 분산시켜 놓으면 에너지를 몽땅 써 버리지 않아도 되고, 양질의 집중력을 발휘할 수 있는 것은 물론, 학습에 대한 부담도 덜 수 있다. 45분 공부하고, 수업 듣고, 한 시간 공부하고, 다음 수업 듣고, 점심 식사 전에 다시 45분 공부하는 일과가 꼼짝 않고 두 시간 반을 내리 공부하는 것보다 훨씬 효율적이다. 대부분의 학생은 일과 중에 생기는 여유 시간을 쉽게 낭비한다. 낮 동안의 틈새 시간을 활용하면 황금 같은 저녁 시간에는 밖으로 나가 대학생에게만 허락된 즐거움을 누릴 여유가 생긴다.

질문: 어디에서 공부할 것인가?

답: 친구들과 단절된 곳.

학교 곳곳에 사람이 많지 않은 장소를 알아 두고, 이런 곳을 돌아가며 이용하자. 기숙사나 집, 중앙 도서관의 대형 열람실은 제외한다. 다트머스대의 그레타는 "기숙사에서 공부하는 사람을 본 적이 없다. 정말로 아무도 공부하지 않는다."라고 말한다. 기숙사는 집중하기 좋은 장소가 아니다. 공부하기 좋은 장소는 학교의 중심에서 멀리 떨어진 한산한 도서관의 칸막이가 있는 개인 열람실이나 지하이다. 학생회관의 작은 도서관, 벽으로 공간이 분리된 카페, 지역 내 공공 도서관도 좋다. 평소 눈여겨봐 두자.

다양한 장소를 알아 두어야 하는 이유는 두 가지이다. 먼저,

온종일 강의실을 옮겨다녀야 하는데, 틈틈이 공부하려면 다음 수업 장소에서 가까운 곳이어야 좋다. 그리고 장소를 바꾸면 한 장소에서 지나치게 에너지가 소진되는 일을 피할 수 있다. 도리스는 "긴장 상태를 유지하기 위해 여러 장소를 주기적으로 돌아가며 이용한다."라고 말한다.

공부할 장소는 반드시 친구들이 모이는 장소와 분리되어 있어야 한다. 친구가 있는 장소에서는 쉽게 방해받는다. 어깨에 앉은 게으름이라는 작은 악마는 굉장한 장사꾼이다. 공부 중에 잠깐이라도 다른 곳에 눈길을 주는 것 같으면 당장에 거래를 성사시키고 만다. 악마의 힘을 빼놓으려면 놈을 고립시켜야 한다. 이 작은 악마에게 안락한 소파, 잔디에서 프리스비를 즐기는 매력적인 여학생들, 기숙사 휴게실에서 수다를 즐기는 친구들을 절대 보여주지 않아야 한다. 자신을 외부와 철저히 단절시킨 채 공부하면 집중력이 높아져 더 신속하게 공부를 마칠 수 있다.

많은 학생이 철저하게 격리되어 공부하다 보면, 감상적으로 된다는 것을 인정할 것이다. 진부하게 들리겠지만, 공부라는 방공호 속에 자신을 가두면, 앞으로 공부할 것들이 정말로 중요한 과업이 된다. 이 방공호로 향하는 때면, "젊은이, 우리 모두의 생사는 자네에게 달렸네. 힘을 내게."라고 말을 건네는 침착한 장교의 목소리가 떠오른다. 소파에 털썩 주저앉아 가슴에 교과서를 펼쳐 놓았는데, 바로 옆에 앉은 룸메이트가 조율도 안 된 기타로 듣기 싫은 데이브 매슈의 노래를 외우느라 고군분투 중이라면, 이런 종류의 진지함은 결여될 수밖에 없다. 하버드대의 크리스틴은 다음과 같이 일침을 가한다. "침대에서는 절대 공부할 수 없다."

이러한 심리전을 고리타분하다고 생각하는가? 효과적으로 공부하는 학생이 되려면 마음가짐의 중요성을 간과해서는 안 된다. 이 책을 준비하며 만난 대부분의 올에이 우등생들은 다양한 고립 전략을 쓰고 있었다. 어떤 이는 모든 종류의 방해물을 차단하기 위해 귀마개를 착용하거나 학교에서 멀리 떨어진 곳으로 가기도 했다. 그들은 공부하는 환경에 승부수가 있다는 사실을 안다. 우리도 그래야 한다.

질문: 얼마나 오랫동안 공부할 것인가?

답: 휴식 시간 없이 한번에 한 시간 이상은 하지 않는다.

5~10분간의 휴식 시간도 지혜롭게 보내야 한다.. 앞서 공부했던 내용과 무관하면서, 단 몇 분이라도 집중해서 할 수 있는 일을

찾자. 예를 들어, 신문을 읽거나, 이메일 몇 통을 보낼 수 있다. 이 정도면 충분하다. 이러한 종류의 일탈은 마음에 생기를 불어넣으며, 다시 공부를 시작할 수 있도록 관점을 환기하고, 통찰력을 얻게 한다. 어떤 학생은 소설이나 신문을 들고 다니다가, 시간이 날 때마다 책의 한 챕터나 기사 한 꼭지 정도를 읽는다고 한다. 오랫동안 만나지 못한 친구에게 긴 이메일을 쓰거나, 다가오는 방학에 할 일들을 목록으로 만드는 등 조금씩 나누어 할 수 있는 일들을 휴식 시간에 처리하기도 한다.

공부가 매우 잘될 때도 꼬박꼬박 휴식을 취하자. 규칙적으로 휴식을 취하면 장기적으로 봤을 때, 에너지가 극대화하고 자료를 이해하는 폭도 넓어진다. 다트머스대의 로라는 "쉬지 않고 공부할 때보다 규칙적으로 휴식을 취하면서 공부할 때가 더 효율적이다." 라고 한다.

왜 이렇게 하는 것이 가장 효율적인지는 모르겠다. 어느 인지과학 연구에서 50분 정도가 공부한 내용을 소화하고 정리하기에 가장 좋은 학습 시간이라는 결론을 내린 바 있다. 인디애나대의 학업 지원 및 증진 센터(IPFW) 홈페이지에는 "연구에서는 효율성을 극대화하기 위해 좋은 시간은 40~50분 정도라고 밝힌다. 공부한 지 대략 40분 정도가 지나면 짧은 휴식(5분 정도)을 취하고 다시 공부를 계속한다. 휴식을 취하지 않으면 두 시간 후에는 효율이 30% 정도로 떨어진다."라고 되어 있다. 물론 과학적인 연구의 세세한 부분에 너무 얽매일 필요는 없다. 학습 시간을 강조하는 이유는, 이 책을 준비하며 내가 만난 모든 올에이 우등생이 시간에 관련한 비슷한 전략을 쓰고 있기 때문이다. 그들에게 한자리에서 얼마나 오랫동안 공부하는지를 묻자, 몇몇을 제외한 나머지가 30분에서 한 시간 사이라고 답했다. 다음은 학생들의 답변이다.

"한 시간 이상 공부하지 않는다."
"한 시간 공부하고 일어나서 잠깐 다른 일을 한다."
"40분에서 한 시간 정도."
"한 시간 공부하고 15분 쉰다."
"한 시간에서 한 시간 반. 그러고 나서 항상 휴식을 취한다."

응답지가 계속될수록 학생들이 비슷한 전략을 세우고 있음이 드러났다. 요점은 명확하다. 우연일지 모르지만, 효율적으로 공부하는 학생들은 각자 시행착오를 거쳐서 '한 시간 공부하고 휴식을 취한다'라는 같은 결론에 도달했다. 그러니 한 번 믿어 보시라.

커닝페이퍼

1단계. 하루 5분으로 충분한 시간 관리법

- 할 일과 마감 시한이 생길 때마다 데일리 리스트에 기록한다.
- 기록한 할 일과 마감 시한을 매일 아침 캘린더에 옮겨 적는다.
- 매일 아침, 그날의 실현 가능한 시간대에 할 일을 배치하고, 불가능한 일들은 다른 날짜로 옮겨 적어 하루를 계획한다.

2단계. 게으름과의 전쟁에서 승리하는 법

- 목표 달성 일지를 만들어, 매일 달성하고자 하는 바와 달성 여부를 기록한다.
- 공부하는 동안, 몸에 좋은 음식을 섭취하여 신체의 에너지를 극대화한다.
- 하기 싫은 공부일수록 이벤트로 만들어 동기 부여를 한다.
- 공부의 일과를 규칙적이고 반복적인 습관으로 만들어, 제한된 동기 부여에만 의지하지 않도록 한다.
- 공부할 양이 많을 때는 '공부 집중의 날'을 미리 계획해, 공부로 인한 스트레스를 줄인다.

3단계. 세 가지 중요한 공부 기술

- 오전과 오후, 공강 시간에 최대한 많은 분량을 공부한다.
- 친구들과 단절된 곳에서 공부한다.
- 매 시간 휴식을 취한다.

PART 2

올에이 우등생들의 퀴즈/시험 전략

"월등한 학습 기술을 갖춘 학생은 훨씬 짧은 시간 동안 더 많이 공부한다."

- **리얼**, 올에이 우등생 -

누구나 아는 사실 하나! 대부분의 학생은 공부가 서툴다. 이는 학생의 잘못이 아니다. 대학에 입학하면 모두 자립해야 하며, 그들의 옆에 앉아 공부를 어떻게 해야 하는지 가르쳐 주는 이는 없다. 그래서 대부분은 그저 닥치는 대로 해 나간다. 예를 들어, 시험이 다가오면 학생들은 교재와 필기한 노트를 준비해서 기숙사 자습실이나 방에 있는 책상에 꼼짝하지 않고 앉아 공부를 시작한다. 중간중간 친구들과 잡담도 하고, 이메일을 확인하며, 교재와 노트에서 가능한 한 많은 분량을 나름대로 샅샅이 훑어보면서 말이다. 이 두서없는 공부는, 공부를 계속하려는 의지가 바닥날 때까지 계속된다.

이즈음 유별나게 부지런한 학생이라면 밤샘을 계획할 것이고,

그렇지 않은 학생이라면 자정쯤 손을 놓을 것이다. 그리고 다음 날, 학점을 예상할 수 없는 게슴츠레한 눈으로 시험을 치른다. 간혹 이렇게 해서 A- 정도 받는 학생도 있지만, 대부분은 B와 C의 세계에서 무기력하게 안주한다.

이런 공부 방법에는 두 가지 문제점이 있다. 먼저, 시간이 문제다. 앞서 집중하지 않고 긴 시간 동안 공부 마라톤을 하는 고통을 말하며, 이를 '눈속임 공부'라고 했다. 그리고 이 습관을 개선하기 위해서, 짧은 시간 내에 집중해서 공부할 수 있도록 학습량을 분산시키는 몇 가지 지혜로운 시간 관리법을 다루었다.

다음으로는 공부하는 기술이 문제다. 위에 나온 것처럼 보통 학생들은 과제와 필기 내용을 가능한 한 여러 번 읽고 또 읽으며 내용이 외워질 때까지 복습해 시험을 준비한다. 이 전략은, 눈으로 내용을 충분히 접하면, 시험 볼 때도 생각날 만큼 머릿속에 남아 있으리라는 생각을 바탕으로 한다. 얼마나 끔찍한가. 게다가 이 방법은 그다지 효과적이지 않다. 시간을 많이 들인다고 내용을 제대로 이해하는 게 아닐뿐더러, 복습으로 인해 피로해진 머리로는 복잡한 논거를 정리하는 정도의 심도 있는 공부는 할 수 없기 때문이다. 시험을 위해 수업에서 다룬 내용을 하나하나 반복해 읽으며, 적은 양의 정보를 짚고 넘어가는 데도 이렇게 터무니없이 많은 시간을 쓰는 공부만큼 비효율적인 건 없다. 무엇보다 암기를 위한 복습은 고통스럽다. 특히, 복습할 분량이 어마어마하게 많이 남았다면, 머릿속에 무언가를 집어넣는 것 자체가 힘 빠지는 일이다.

그래서 좋은 소식이 있다. 이렇게 하지 않아도 된다. 믿기지 않는가? 다음은 내가 인터뷰한 학생들이 실제로 한 말이다.

"나는 절대 밤을 새우지 않는다."

"나에게는 자유 시간이 매우 많다."

"나에게 균형은 정말 중요한 문제다."

"거의 매일 자유 시간이 넘쳐난다."

"1학년 때는 열심히 공부했지만, 3, 4학년이 되자 폭발할 지경이 되었다."

"나는 과제에 상대적으로 적은 시간을 들인다."

"오전에 서둘러 공부를 마치면 자유 시간이 충분히 생긴다."

믿기 힘들 것이다. '성적이 좋은 학생은 공붓벌레다'라는 통념에 모순되기 때문이다. 그렇다면 이 신념은 어디서 온 것일까? 브라운대의 올에이 우등생 매슈는 "공붓벌레가 되기를 자처하는 사람들이 있다. 또한 이 학생들은 쉽게 눈에 띈다. 그들은 할 일이 너무 많다고 끊임없이 불평하며 매번 친구들과 누가 더 오래 공부하는지를 비교하고, 하루 중 대부분의 시간을 도서관에서 보내며, 친구들도 그런 모습을 수시로 목격한다. 이렇게 여기저기서 공붓벌레들이 눈에 보이면 많은 학생이 이렇게 공부해야지만 좋은 성적이 나올 거라 굳게 믿게 된다."라고 말한다.

이러한 신념이 지속되는 데는 공공연한 이유가 있다. 대부분의 학생이 암기를 위한 복습이 공부의 유일한 방법이라고 믿기 때문이다. 잠깐, 어떻게 공부해도 결과가 동일할 거라 가정해 보자. 그러면 당연히 올에이 우등생은 공붓벌레라는 결론이 도출될 것이다. 암기를 위한 복습을 통해서 높은 학점을 얻으려면 엄청난 양의 시간이 소요된다는 사실을 이미 이야기한 바 있다. 따라서 반복적인 복습이 유일한 학습법이라면 학점이 높은 학생들은 보통 학생들보다 훨씬 더 많은 시간 동안 공부해야 한다는 결론이 나온다.

그러나 공부에는 다양한 방법이 있다는 것을 명심하자(암기를 목표로 한 복습은 그중 최악의 방법이다). 일단 공부 방법이 결과의 차이를 만들지 못한다는 가정에 동의하는 대신, 공부도 기술이며 다른 기술들처럼 잘 사용할 수도 있고, 잘못 사용할 수도 있다는 사실을 이해한다면, 이 책의 전제를 이해할 수 있을 것 같다. 올에이 우등생이 공붓벌레일 필요가 없다는 것은, 신기하고 놀라운 사실이 아니다. 그들은 적극적으로 시행착오를 거듭하며 선배 올에이 우등생들과 상호작용을 하며 암기를 위한 복습보다 뛰어난 학습 전략을 찾아냈을 뿐이다.

바꾸어 말해 보자. 대학을 프로 농구라고 한다면, 암기를 위한 복습을 하는 학생은 언더핸드 슛(허리보다 낮은 위치에서 공을 잡고 손바닥을 위쪽으로 향한 자세를 취하며 공을 던지는 것-역주)으로 공을 던지는 선수이고, 공붓벌레가 아닌 올에이 우등생은 점프슛을 할 줄 아는 선수이다. 암기를 위한 복습을 하는 학생이 올에이 우등생의 두 배로 시간을 쏟아붓는다는 사실은 중요하지 않다. 게임이 시작되면 점프슛을 하는 선수가 훨씬 더 많은 득점을 하게 된다는 게 중요하다. 좋은 기술이 오랜 노력을 앞지른다.

PART2에서는 어떻게 하면 공부에서 점프슛을 던질 수 있는 학생이 될 수 있는지를 근본적으로 다루려고 한다. 여기에는 똑똑한 시험 준비를 위해 꼭 필요한 여러 가지 학습 기술이 포함된다. 많은 올에이 우등생이 학기를 거듭하며 연마한 이 기술들은 시험공부의 명예의 전당에 오를 만한 것들이다. 시험공부 방법을 이미 잘 알고 있다고 여기는 마음을 던져 버리고, 앞으로 소개할 방법을 열린 마음으로 따라가 보자. 즉시 이해되고 당연하게 생각되는 부분이 있는가 하면, 깜짝 놀랄 부분도 있을 것이다. 하지만 이 전략들은 내가 임의로 정한 것도, 한 사람의 경험에만 기댄 것도 아니며, 자칭 전문가라 하는 사람들이 고안해 낸 추상적인 이론은 더더욱 아니라는 것만 알아 두자. 이 검증된 기술을 PART1에서 언급한 시간 관리법과 접목하면, 짧은 시간을 투자하고도 높은 학점과 학업 성취를 자랑하는, 전에는 불가능해 보였던 경지에 오를 수 있을 것이다.

퀴즈와 시험

PART2에서 소개할 모든 학습 기술은 퀴즈와 시험에 공통으로 적용된다(물론 퀴즈에서 치명타가 나올 일은 없으므로 퀴즈에 매번 큰 노력을 기울일 필요는 없다). 일단 시험과 퀴즈에 대한 용어 설정부터 정의하고 넘어가자. 교수들은 종종 퀴즈와 시험을 같은 의미로 사용하지만, 실제로는 최종 성적에 대해 15% 미만의 비율을 차지하면 퀴즈, 그 이상의 비율을 차지하면 시험, 5% 이하의 비율이면 작은 퀴즈라고 한다.

작은 퀴즈에는 너무 많은 시간을 들이지 말자. 작은 퀴즈는 한 번쯤 잘 못 보더라도 최종 성적의 글자가 바뀌지는 않는다. 그리고 빠짐없이 출석하며 읽기 과제를 충실히 해 나가는 중이라면, 작은 퀴즈 정도는 조금만 준비하거나, 거의 하지 않아도 평균 이상은 나온다.

그보다 비중이 큰 퀴즈에 대해서는, 여기 소개된 방법들을 적절히 따라가되 본격적인 시험공부에 초점이 맞추어진 단계(3, 4단계)로 바로 건너뛰어도 상관없다. 그리고 다룰 내용을 전부 소화하지 못해도 괜찮다. 조금씩 모자란 부분이 있다고 해서 최종 성적이 크게 바뀌지는 않기 때문이다. 또한, 모든 퀴즈를 중간고사를 준비하는 정도로 공부하면 일정에 과부하가 걸린다. 퀴즈는 공부한 내용을 확인하기 위한 것이지, 깊이 있는 평가를 위한 것이 아니므로 평소 실력으로 보면 된다.

물론 성적이 아슬아슬한 경우라면 사정이 달라진다. 이전 시험이나 리포트에서 좋은 점수를 받지 못해 성적에 문제가 생길 염려가 있다면 퀴즈에도 전력을 다해야 한다. 앞으로 이야기할 학습 전략을 제대로 적용하면 분명 어떤 종류의 퀴즈라도 때려눕힐 수 있을 것이다.

1단계 / 수업 시간에 쓸모 있게 필기하는 법

가장 중요한 부분부터 시작하자. 수업에 빠지지 말자! 출석의 중요성은 아무리 강조해도 지나치지 않다. 토요일 아침 6시에 학교에서 가장 가파른 언덕 위에 있는 강의실에서 수업이 시작된다 해도 어쩔 수 없다. 일어나서 준비를 마치고 수업에는 무조건 정시에 도착해야 한다. 다트머스대의 올에이 우등생 리디아는 "결석하면 놓친 부분을 따라잡는 데 두 배의 시간이 걸린다."라고 말한다. 아는 것이 힘이어서도, 부모님께서 원하시는 바라서도 아니다. 가장 큰 이유는 시간을 절약할 수 있기 때문이다. 정규 수업에 빠짐없이 출석하면, 높은 성적을 얻는 데 필요한 학습 시간을 상당량 줄일 수 있다. 출석은 할까 말까 고민할 문제가 아니다. 아무리 피곤해도, 친구들과의 시간을 포기해야 해도, 다른 일로 정신없이 바쁘더라도, 무조건 출석할 방법을 찾아야 한다.

학습 시간을 줄이기 위해 그다음 중요한 것은 바로 필기이다. 필기는 기술이다. 제대로 하려면 전문가의 도움이 필요한데, 다행히 이 기술에 관해서는 올에이 우등생만 한 전문가가 따로 없다. 이제 그 검증된 필기 전략을 소개하겠다.

제대로 된 학습 도구를 마련한다

내가 1학년 때는 동기의 절반이 못 되는 학생이 학교에 노트북을 가지고 다녔다. 그런데 졸업할 무렵에는 신입생의 95% 이상이 노트북을 가지고 다녔다. 이 책을 읽을 독자들, 즉 거의 모든 대학생에게 이제 노트북이나 태블릿기기는 보편적인 물건일 것이다. 이쯤 되면 필기도구도 진화하는 게 아닌가 싶다. 다트머스대의 올에이 우등생 데이비드는 "노트북을 사용해 보라. 필기의 질이 월등히 높아지는 것은 물론 나중에 읽기도 정말 쉽다. 노트북을 쓸까 말까 하는 건 고민할 일도 아니다."라고 말한다. 데이비드의 말처럼, 자판은 손보다 빨라서 노트북을 이용하면 많은 내용을 세세하게 적을 수 있다. 이렇게 하면 필기의 내용이 풍부해지고 읽기가 수월해지며, 시험공부도 편해진다. 사실 시험공부의 전부가 필기한 내용을 읽는 것 아닌가!

노트북이 없으면 과목마다 편리하게 사용할 노트와 펜을 준비하자. 무엇보다, 알아보기 쉽게 적어야 한다. 매주 필기한 내용을 요약해 따로 적어 놓는 것도 방법이다. 노트북이 없던 시절에 내가 이용하던 방법인데, 장기적으로 봤을 때 시간이 절약되었다.

그러나 노트북을 사용하기 힘든 과목도 있다. 수학, 과학, 경제학, 공학 등 숫자와 식을 다루는 과목은 연필과 종이가 더 좋은 필기도구가 된다. 물론 노트북으로 복잡한 수학 기호를 자유롭게 입력하는 학생도 있다! 후자에 속한다면 노트북 사용을 망설일 필요가 없다. 이공계 수업이라고 해서 특별히 어떤 필기도구가 더 낫다는 건 없다.

마지막으로, 과목마다 파일을 만들자. 강의 중 배부되는 수업 개요나 과제 설명, 발췌문 같은 유인물은 모두 날짜를 적어서 파일에 보관한다. 채점된 상태의 연습문제나 리포트도 마찬가지다. 파일은 나중에 시험공부에 쓸 자료들을 정리하는 데에 매우 유용하게 쓰일 것이다.

많은 '전문가'가 이러한 기본 학습 도구 외에 필요 이상의 복잡한 도구를 추천하기도 한다. 다양한 색의 펜과 특이한 노트, 구멍이 뚫린 휴대용 바인더 등이 그 예이다. 그러나 실제 올에이 우등생들은 그런 도구에 연연하지 않는다. 다트머스대의 올에이 우등생 애나는 "예쁘게 필기하는 데만 집중하다가 정말 적어야 할 내용을 적지 못하는 학생도 많다."라고 말한다. 노트북으로 필기하고, 종이로 된 자료를 파일에 보관하는 정도면 충분하다.

◎ 인문계 과목에서 쓸모 있게 필기하기: 핵심 개념을 파악한다!

'인문계 과목'이란 수학, 과학, 경제학, 공학 외의 과목을 말한다. 즉, 영문학, 역사학, 철학, 정치학, 인류학, 교육학 등을 말하는데, 기본적으로 수학 공식을 이용하는 일이 거의 없는 과목들이라 할 수 있다. 이러한 과목은 엄청나게 긴 읽기 과제와 연단 위에 선 근엄한 교수들의 강의로 대표된다.

인문계 과목에서 좋은 결과를 얻는 방법은 간단하다. 핵심 개념을 파악하는 것이다. 사실 핵심 개념이야말로 인문계 과목 수업의 모든 것이라 할 수 있으며, 교수는 학생이 핵심 개념이 무엇인지 설명하고, 그것을 반박하고, 새로운 근거를 들어 재평가하게 한다. 즉, 수업에서 다루는 모든 핵심 개념을 파악하고 이해만 한다면, 사실 그다지 어렵지 않으며 시험에서도 좋은 성적을 거둘 것이다.

문제는 핵심 개념을 파악하는 일이 생각만큼 간단하지 않다는 것이다. 교수들이 핵심 개념을 구불구불, 종횡무진 풀어가는 탓이다. 교수가 수업에서 다룰 핵심 개념을 먼저 언급하는 일은 거의 없으며, 그들은 나름의 추론 끝에 나름의 '흥미로운 결론'에 이르러 버린 불쌍한 학생들은 거들떠 보지도 않은 채 수업을 이어 나간다. 다트머스대의 올에이 우등생 제러미는 "수업 시간에는 불필요한 이야기도 많이 나온다. 필요한 부분을 골라내는 법을 배워야 한다."라고 말한다. 하지만 그러기는 쉽지 않으며, 많은 학생들이 필요한 내용을 적지 못한다. 필기한 노트가 공부할 때 가장 쓸모 있게 사용될 자료인데도 말이다. 수업 중에 핵심 개념을 명확하게 파악해서 필기해 두지 않으면, 시험공부 중에 아주 힘겹게 핵심 내용을 파악해야 하는 불상사가 일어날 수도 있다. 그리고 그 결과는 불 보듯 뻔하다. 특히, 공부할 시간이 아주 여유로운 경우가 아니라면, 핵심 개념을 파악하는 것조차 불가능해진다.

운 좋게 시험에서 아는 부분이 나오면 그럭저럭 볼 수 있지만, 제대로 파악하지 못한 핵심 개념을 다루는 문제가 나오면 좋은 점수를 얻기 어려워질 것이다. 이런 상황은 만들지 않아야 한다. 해결책은 나중에 시간을 더 들이지 않고, 훑어만 봐도 될 정도로 핵심 개념을 드러낸 필기 방법을 찾는 것이다. 구체적인 방법은 다음과 같다.

융통성을 발휘한다

강의실에 도착해서 여유가 있으면 노트에 강의 날짜와 그날 강의의 제목을 미리 적어 둔다. 노트북을 사용한다면, 필기한 내용을 과목별로 저장할 수 있게 개별적인 폴더를 만들고, 필기 내용이 담긴 폴더는 작성한 날짜를 폴더명으로 하여 저장한다. 이렇게 하면 공부할 자료를 정리할 때 유용하다.

필기 형식은 기본적으로, 내용을 쉽게 알아볼 수 있으면 된다. 매번 일정한 형식을 고수할 필요도 없다. 중요한 내용을 강조하기 위해 다양한 글자체나 문단 형식을 사용하는 것도 좋으며, 노트북을 사용하는 학생이라면 간편하게 생각을 정리하기 위한 굵은 글자체를 사용하고 목록을 만들어도 좋다. 종이와 펜을 사용할 때는 밑줄, 들여쓰기, 상자로 묶기, 목록으로 만들며 정리하기 등이 도움이 된다. 한 가지 팁이라면, 단어를 정의할 때는 굵은 글자체를 사용하고, 지금껏 기록한 것에 대해 예외적인 사항을 기록할 때는 '그러나'로 시작하자.

하버드대의 올에이 우등생 크리스틴은 이렇게 제안한다. "나만이 알아볼 수 있는 약칭을 사용해 보자. 예를 들면, '특별히' 대신에 '특'을, '북아메리카(North America)' 대신에 'N.A'를 사용할 수 있다. 줄 비우기, 탭 사용하기, 글씨체와 크기 바꾸기, 특수 기호 쓰기 등을 활용해 중요한 점을 시각적으로 강조할 수 있다면 어떤 방법이든 주저 없이 사용한다." 컬럼비아대의 올에이 우등생 리는 "내가 필기한 것은 나만 알아보면 된다. 굳이 다른 사람이 알아볼 수 있어야 할 필요는 없다."라고 말한다.

'질문/근거/결론'의 구조로 핵심 개념을 파악한다

인문계 과목 수업의 필기에서 가장 어려운 점은, 무엇을 적을지를 결정하는 일이다. 어떤 학생은 수업 내용을 고스란히 적는데 그럴 필요 없다. 하버드대의 올에이 우등생 도리스는, "필기에 대해 내가 줄 수 있는 최고의 조언은 교수님의 말씀을 전부 다 적지 말라는 것이다. 전부 다 적는 일은 불가능하고 비생산적이다."라고 말한다. 간단하게 적자. 아무리 필기 속도가 빨라도 간단하게 적자. 무조건 다 적는 건 핵심 개념 파악이 아니라 받아쓰기에 불과하며, 너무 많은 에너지를 쏟게 된다. 필기할 때는 다음 구조를 염두에 두자.

질문

근거

결론

인문계 과목에서 다루는 대부분의 핵심 개념은 위의 구조로 나타난다. 왜냐하면, 공부를 업으로 삼는 사람들은 질문을 통해 생각을 하고, 세상을 바라보기 때문이다. 이런 사람들에게 핵심 개념이 무엇인지를 설명하기 위해서는, 질문을 찾은 다음 결론에 상응하는 근거를 찾아가는 방식을 따라야 한다. 교수들이 수업을 질문/근거/결론의 방식으로 진행하는 이유이다. 그들은 먼저 질문을 던지고 흥미로운 결론으로 이어지는 여러 근거들을 설명해 나간다. 따라서 우리도 그러한 사실을 잘 활용하여 질문/근거/결론의 틀 안에서 필기해야 한다.

방법은 매우 간단하다. 수업 중에 노트에 적는 모든 정보를, 잘 정리된 질문과 연결시키자. 필기를 마친 노트에는 짝을 이루는 질문과 결론이 여러 개 나타나 있어야 한다. 그리고 질문/결론으로 이루어진 짝에 합당한 이유를 설명할 수 있는 근거가 있어야 한다. 다시 말해, 우리의 목표는 수업 시간에 전달되는 모든 사실과 관점을 이 단순하고 훌륭한 틀 속에 배치하는 것이다.

여기서 주의할 것은, 교수들은 질문을 언급하지 않는다는 사실이다. 그들은 종종 근거부터 제시하고, 근거를 통해 질문을 추론하게끔 한다. 그럴 때는 걱정하지 말고 '질문'이라고 적고, 그 아래는 빈칸으로 남겨 두자. 일단 교수가 이야기하는 근거들을 적고, 다시 돌아와 빈칸을 채우면 된다.

결론도 마찬가지이다. 교수들은 종종 실마리만 던져 준 채 깔끔한 결론을 유보하기도 한다. 이런 경우에는, 교수가 제시한 실마리를 이용해 나름대로 결론을 도출해야 한다. 주어진 질문과 근거와 연결되어 있어야 함은 물론이다. 이것이 중요하다. 스스로 결론을 도출해 내면 핵심 개념이 견고해진다. 교수가 다음 질문으로 넘어가기 전에, 스스로 찾아낸 결론을 적자. 결론을 찾지 못했다면 그냥 '결론'이라고 적어 두고, 잠시 수업 속도가 느려지거나, 수업이 끝난 뒤에 돌아와 마무리한다.

물론, 결론을 내기가 쉽지 않을 것이다. 교수들은 대개 문제의 복잡한 부분을 정리하는 것만으로 결론을 제시하기 때문이다. 예를 들어, 문학 수업에서 "20세기에 가장 위대한 소설가는 누구였는가?"와 같은 질문을 다룬다고 생각해 보자. 답은 '헤밍웨이'이다. 그리고 근거로는 헤밍웨이 작품들의 영향력과 독창성을 강조하는 이야기들이 제시될 수 있다. 그러나 대학교수라면 위의 질문에 대해 더욱 깊이 있는 결론을 제시할 것이다. 예컨대, 답은 '세대마다 당면한 사회적 문제가 다르므로 세대에 따라 답이 달라진다.'라는 결론이 나올 수 있다. 이 경우, 각 세대의 학자들이 각자 선호하는 소설가들에 관해 이야기하는 내용이, 각 세대의 사회적 분위기를 구분 짓는 다양한 관점과 함께 인용되어 근거로서 제시될 수 있다.

수업을 많이 들을수록 복잡한 결론을 정리하는 일이 수월해진다. 그리고 자신이 내린 결론이 적절한지 알아보고 싶다면 주저하지 말고 질문하자. 쑥스럽다면, 수업 후에 교수를 직접 찾아가면 된다. 교수들은 학생의 이유 있는 방해를 매우 환영한다. 결론 탐색 기술을 연마하려면 이런 기회를 이용하는 것이 좋다.

한 가지 팁이 더 있다. 수업 속도가 잠시 늦춰지는 시점을 최대한 이용하자. 잠깐 언급했듯이, 어떤 교수는 모든 질문을 기록하고, 결론을 생각할 정도의 시간을 주지도 않고 빠르게 정보를 쏟아낸다. 이런 수업에서는 제시되는 근거를 쫓아가기에도 벅차다. 이럴 때는 강의 속도가 늦춰질 때까지 기다리자. 교수가 개인적인 이야기를 하거나, 누군가 중요하지 않은 질문을 던져서 수업의 흐름이 끊기는 때 말이다. 이때 지금까지 적은 내용을 재빨리 훑어보고 정리한다. 결론을 적고, 질문을 명확히 정리하고, 근거로 적은 부분에 시각적인 효과를 넣는 것이다. 수업 후 서둘러 나가지 않아도 된다면, 5분 정도 필기 내용을 다듬는 것도 좋다. 하버드대의 도리스는 "수업 직후에 필기한 노트를 읽어 보면서 내용을 소화하고 수정하고 덧붙인다. 바로 정리해야 배운 내용을 잘 기억할 수 있기 때문이다. 시험공부를 해야 할 때가 오면 이 짧은 시간의 정리로 큰 차이가 생긴다."라고 말한다.

마지막으로, 교수가 수업에서 다루는 질문의 개수는 과목에 따라 크게 달라질 수 있음을 명심하자. 강의 내내 한 개의 질문만 다루는 교수가 있는가 하면, 한 시간에 열 개 정도의 질문을 다루는 교수도 있다. 또한, 수업 전체를 아우르는 큰 질문 하나를 제시한 뒤, 그 질문에 대한 결론으로 이어지는 작은 질문을 탐구하게 하는 교수도 있다. 다시 한번 이야기하지만, 수강하는 과목이 많을수록 이 구조에 익숙해진다. 브라운대의 매슈는 말한다. "교수님이 강의에서 그려가는 윤곽에 집중하면, 그 교수님이 중요하게 여기는 것이 무엇인지를 알 수 있다." 그리고 교수들은 핵심을 짚은 다음에는 잠깐 말을 멈추고, 덜 중요한 부분에서는 개인적인 이야기를 꺼낸다는 사실을 명심하자.

수업의 내용을 질문/결론으로 나누는 일에는 정해진 틀이 없으므로 조금이라도 더 효과적인 방법을 찾으면 된다. 적으면서 노트가 지저분해지더라도 개의치 말자. 그때그때 질문을 더하고, 지울 수도 있다. 근거 하나가 질문을 뒷받침하기에 적절하지 않아 보이면(고심해서 적었더라도), 근거가 적절하지 않다는 주석을 단다. 강의에서 전달되는 모든 정보를 질문과 결론으로 연결하려고 시도하는 것만으로도 핵심 개념을 이해하고 소화할 수 있다. 보통의 학생들보다 말이다.

예시

아래는 로마 제국의 쇠락과 몰락에 관한 실제 대학 강의 내용을 발췌한 것이다. 바로 다음에는 올에이 우등생이라면 이 논의를 어떻게 필기했을지에 대한 예시이다. 여기서 염두에 둘 점은, 이 학생은 우선 수업 중에 각 근거를 빠르고 간단하게 요점만 적었으리라는 것이다. 그리고 나중에 교수가 의도하는 바를 명확하게 이해했을 때, 질문과 결론을 보충했을 것이다. 이 학생이 근거를 정리하기 위해 공격적인 틀을 사용한 것도 유념하자. 예를 들어, 내용은 항목별로 나누고, 중요한 용어는 굵은 글자체로 적었다. 필기 방법이 일관되지는 않았다. 단지, 제시되는 개념을 이해하고 강조하기 위해 중간중간 떠오르는 방법을 사용했을 것이다.

○ **강의 발췌:**

오늘 수업의 주제는 '로마 제국 쇠망사'입니다. 로마 제국이 야만족에 의해 몰락했다는 것은 18세기 이래 보편적인 사실이 되었습니다. 에드워드 기번은 같은 제목의 자신의 저서에서 그가 생각하는 로마 제국의 쇠락과 몰락의 원인을 두 가지로 설명합니다. 기독교도와 야만족이 바로 그것입니다. 종종 그는 이 두 가지 원인을 혼용하기도 합니다. 기번에 따르면, 기독교 사상은 로마 제국 안에서 가장 무지하고 미신에 빠져 있던 부류를 끌어모았고 그 결과 기독교가 번성하면서 로마는 몰락하게 되었다고 합니다. 기번은 기독교도의 용서와 자비라는 신념이 그동안 로마인들이 야만족의 침입에 용맹스럽게 저항하는 바탕이 되던 뿌리 깊은 애국심을 약화시켰다고 말합니다. 로스토프체프와 토인비도 유사한 주장을 했지만, 그들은 로마 제국 몰락의 원인을 기독교도에 돌리는 대신, 사회적, 정치적 원인을 찾고자 했습니다. 두 사람은 모두 3세기 무렵 로마의 지배 계층에 있던 지식인들이 정치적, 지적 능력을 상실한 후, 야만인들의 맹공격 하에서 제국을 하나로 모을 능력이 훨씬 미비했던 연약한 계층에 그 권력을 넘겨주었다고 말합니다.

그러나 이 세 역사학자는 지리적으로는 매우 좁은 관점에서 250년에서 500년 사이를 로마의 역사로 규정합니다. 결국 이들은 유럽 문명의 중심이 지중해에서 북서유럽으로 옮겨 간 후의 시대를 산 사람들이었습니다. 따라서 그들은 프랑스와 영국이 6세기에 어떤 모습이었는지에 초점을 맞췄고 북서유럽이야말로 고대 로마의 진정한 계승자라고 생각했습니다. 사실 쇠락과 몰락이 일어난 지역은 로마 서부에 국한되었으며 그마저 행정적인 면과 관련되어 있었습니다. 로마 제국의 쇠락과 몰락은 한순간 대참사처럼 일어난 일이 아니라, 제국의 서부에서 3세기에 시작되어 주변 지역에 대한 로마의 영향력이 점차 줄면서 서서히 일어난 일이었습니다.

"The 'Decline and Fall' of the Roman Empire",
copyright 2000 by Philip Gavitt, Professor of History,
St. Louis University, St. Louis, Missouri.

○ **강의 발췌에 대한 필기 내용:**

[질문] 로마 제국은 정말로 큰 '몰락'을 겪었는가?

○ 로마 제국은 야만족에 의해 크게 쇠락/몰락함.
⇒18세기 이래 보편적인 생각

○ **에드워드 기번** - 기독교도 & 야만족에 의한 로마 제국의 몰락을 주제로 책 썼음. 기독교 사상이 영웅적 미덕 대체, 군대 약화, 야만인들에게 정권 넘겨 주게 함.

○ **로스토프체프 & 토인비**- 비슷한 논의로 책 썼음.
- 예외: 기독교도들 잘못 아니라 사회적, 정치적 문제가 제국을 약화시켰다고 함.

○ **그러나**: 이런 관점은 '지리학적으로 편협'

- 저자들이 유럽인, 그래서 유럽에 초점. 제국으로 보였던 곳들만 크게 몰락.
- 지중해 지역의 권위가 사라지면서 그 지역의 입장이 드러나지 않음-큰 쇠락과 몰락이 일어나지 않았던 지역.

[결론] 로마 제국의 대형 참사와 같은 심각한 쇠락과 몰락이라는 개념이 유럽 사회에서는 매우 보편적이지만, 사실을 과장한 면이 있음-제국의 유럽 지역에서 일어난 일만 부각되었음.

토론 수업에서의 예외

인문계 과목의 수업에서는 종종 선별된 몇 개의 주제에 관해 학생들이 토론하는 형식으로 수업을 진행한다. 이런 수업에서는 앞서 설명한 전략을 사용할 수 없다. 학생들의 토론에서 깔끔하게 정리된 핵심 개념을 찾기가 쉽지 않기 때문이다. 난무하는 기타 의견에서 꼭 필요한 의견을 찾으려면 조금 더 단순한 필기 전략을 사용해야 한다.

먼저 토론의 주제를 명확하게 적는다. 그리고 누군가 통찰력 있는 의견을 이야기하면 바로 적고, 자신도 쓸모 있어 보이는 내용이 생각나면 내용을 적은 후 발표한다. 토론에 참여할수록 집중력이 높아진다. 잘못 이해한 내용이나 주제와 먼 내용이 나오면 적지 않고 넘어가자. 가장 중요한 시점은 교수가 개입할 때이다. 교수가 말하는 내용을 적고 여러 번 밑줄을 그어 두자. 교수는 의미 있는 내용을 짚어 준다.

수업이 끝날 즈음, 노트에는 토론 주제 아래 흥미로운 관점의 의견들이 비교적 짤막하게 적혀 있을 것이다. 이 정도면 충분하다. 토론은 사고를 자극하고, 앞으로 있을 과제를 위해 흥미로운 생각들을 끌어내기 위한 것이다. 이 방법으로 필기하면 토론 속에서 흥미로운 의견들을 골라내고 그 의견들을 자기 것으로 소화함으로써 목적을 달성할 수 있다.

이공계 과목에서 쓸모 있게 필기하기: 문제를 적자!

이공계 과목이란 수학 공식이나 컴퓨터 코드를 주로 사용하는 과목을 말한다. 이러한 과목에는 수학, 과학, 공학, 경제학, 컴퓨터공학, 사회과학 등이 있다. 이들 과목에서의 필기 전략은 앞서 다룬 인문계 과목에서의 필기 방법과는 크게 다르며, 훨씬 간단하기까지 하다. 다트머스대의 올에이 우등생 그레타는 "문제 풀이에 관한 세부적인 설명을 많이 기록해 두어야 한다. 많이 적을수록 좋다."라고 말한다. 다시 말해, 핵심 개념은 잊어도 좋다!

이공계 과목 필기의 핵심은 최대한 예제 풀이를 많이 적는 것이다. 이렇게 적은 예제 풀이는 공부할 때 가장 중요한 자료로 쓰인다. 따라서 이공계 과목 필기에서 가장 노력할 부분은 교수가 제시하는 문제 풀이 과정을 최대한 충실히 적는 일이다. 자세히 살펴보자.

읽기 과제는 공부하지 않는다. 단, 늘 곁에 둔다

대부분의 이공계 과목에도 읽기 과제가 있다. 읽기 과제는 보통 교재 안에 포함되어 있으며, 특정 논리나 공식을 다루는 내용이다. 그러나 이 과제는 하지 말자. 당돌하게 들리겠지만, 사실 학부 과정의 이공계 수업에서 읽기 과제를 미리 하는 학생은 거의 없다. 수업 시간에 정확히 똑같은 내용을 다루기 때문이다. 교수가 설명했음에도 충분히 이해하지 못했다면, 나중에 교재를 읽으며 부족한 부분을 채우면 된다. 이렇게 하는 게 효율적이다. 단, 수업 시간에는 읽어야 할 교재를 반드시 지참해야 한다. 영리한 학생들은 교재를 펼쳐 둔 채, 교수의 설명을 따라간다. 교수가 제시하는 논리를 이해하기 수월하고, 이해되지 않는 부분을 정확히 짚을 수 있기 때문이다. 반드시 읽기 과제를 챙겨서 수업 시작 전에 강의실에 들어가자.

필기의 우선순위를 정한다

수업 시간에 다루는 모든 문제와 답, 그리고 그 도출 과정을 빠짐없이 노트에 담을 수 있다면 더없이 좋을 것이다. 하지만 그런 일은 일어나지 않는다. 예제를 전부 적어 나가기에는 교수의 강의 속도가 너무 빠르다. 그러므로 필기에 우선순위를 두는 전략이 필요하다.

우선순위 1. 문제와 답 기록하기

아무리 강의 속도가 빨라도, 문제와 최종 답을 적을 시간은 있다. 교수가 답을 내고, 다음 문제로 넘어갈 때까지도 아직 과정을 적는 중이라면, 이를 건너뛰고 일단 답부터 적자. 그리고 다음 문제로 넘어가자. 강의 속도가 조금 늦춰질 때까지 기다렸다가 다시 보충할 수 있다(그러므로 빈칸을 남겨 두자). 설령 그러지 못했더라도, 문제와 답만 확실하면 나중에 공부할 때 유용하다.

우선순위 2. 이해가 안 되면 질문하기

이공계 과목에서 좋은 성과를 내는 학생들은, 주어진 문제를 주의 깊게 따라가다가 막히는 부분이 나오면 반드시 질문한다. 번거롭지 않을까? 조금 그렇기는 하다. 그럼에도 불구하고 질문하면 주어진 논리를 확실히 이해할 수 있다.

만약 질문이 힘들다면, 이해되지 않는 부분에 물음표와 같은 분명한 표시를 해 두자. 복습할 때 도움이 된다. 그러나 수업 시간에 답을 많이 찾아 두면, 나중에 따로 공부하거나 발품 팔 일이 줄어든다는 사실을 기억해야 한다. 손을 들고 자신 있게 질문하는 게 중요하다!

우선순위 3. 문제 풀이의 각 단계 기록하기

이공계 수업의 교수들은 보통, 새로운 논리를 설명하기 위해 제시된 첫 번째 예제만 천천히 짚어 준다. 그래서 대부분의 학생이 이 첫 번째 예제의 풀이 과정만 제대로 적는다. 따라서 수업 초반에 특히 집중해야 한다. 이어서 나오는 문제들의 중간 풀이 과정이 너무 빨리 지나가서 적지 못했더라도 낙담하지 말자.

우선순위 4. 각 풀이 단계에 관해 설명 달기

만약 제시된 문제에 대한 해법을 어느 정도 알고 있어서 시간의 여유가 있다면, 각 풀이 단계마다 무엇이 도출되었고, 그 단계가 왜 중요한지에 대해 간단히 코멘트를 달자. 복습할 때 굉장히 유용하게 쓰일 것이다.

2단계 / 효율적으로 과제를 해결하는 법

많은 학생이 읽기 과제와 연습문제 풀이에 지나치게 많은 시간을 할애한다. 이는 끊임없는 부담의 주범이다. 그것이 문제다. 매일 매일의 과제가 일정의 대부분을 차지해 버리면, 비중이 더 큰 시험이나 연구 과제를 준비할 시간이 부족해진다. 올에이 우등생들도 여타의 학생들과 마찬가지로, 지나치게 많은 양의 과제를 좋아하지 않는다. 그래서 이들은 과제 수행에 필요한 시간을 최소로 줄이되, 꼭 알고 넘어가야 할 부분들을 놓치지 않는 기술을 습득한다.

이번 장에서는 최소한의 스트레스로, 읽기 과제와 연습문제 풀이를 수행할 전략을 다룬다. 제시할 조언대로 해 보자. 그러면 과제는 기운을 쏙 빼는 지루한 일이 아니라, 실질적인 배움의 토대가 되는, 해 볼 만한 일이 될 것이다.

지속해서 한다

대부분의 학생이 과제를 계획하며, '벼락치기'를 전략의 보루로 삼는다. 즉, 마감이 코앞에 다가올 때까지 과제를 시작하지 않는다. 이렇게 하면 일정을 계획하기에는 더없이 간단하지만, 동시에 많은 문제가 생긴다. 방대한 양의 과제를 통째로 해치우려는 순간, 흥미로울 것 같은 과제가 지루하고 고통스러운 일로 탈바꿈하는 것이다. 게다가 두 개 이상의 과제를 같은 날 제출해야 하면(심심찮게 있는 일이다), 지지부진한 결과만 내놓게 될 광분의 과제 마라톤을 해야만 한다.

똑똑한 학생들은 매일 조금씩, 꾸준히 과제를 해 나가며 이런 상황을 용케 피해 간다. 브라운대의 올에이 우등생 사이먼은 말한다. "일요일 저녁에 자리를 잡고 앉아서 한 주를 계획한다. 일정이 빠듯한 날을 줄이고, 매일 최소한 양의 과제를 해결하게끔 하는 게 목표다." 예를 들어, 매주 연습풀이 과제를 제출해야 한다면, 매일 한 시간을 넘기지 않을 정도로 조금씩 문제를 풀어, 제출일 바로 전날 밤에 다섯 시간을 통째로 할애하지 않도록 한다. 읽기 과제도 마찬가지이다. 매일 한 챕터씩 꾸준히 읽어 두면, 수업 전날 여섯 개들이 에너지 드링크와 교재를 벗 삼아 외로운 밤을 보내지 않아도 된다.

명심할 점은 수업에서 다룰 모든 자료를 뒤처지지 않고 읽어 나가는 동시에, 다음 자료를 읽는 것이다. 일요일 아침에 월요일 역사학 수업 자료를 모두 읽은 상태이더라도, 시간이 있으면 수요일 수업에 쓰일 자료를 조금이라도 미리 읽어 두는 것이다. 물론, 진종일 미친 듯이 공부만 하라는 것이 아니다. 일요일 새벽 2시까지 한 주 분량의 읽기 과제를 붙들고 있을 필요도 없다. 그러나 공부할 시간이 충분히 남아 있는 상태라면, 조금 더 앞서갈 수 있는 뜻밖의 기회도 이용해 보는 것이 좋다. 매일 조금씩 공부하는 일에 익숙해지면, 이런 우연한 행운이 생각 외로 자주 찾아온다는 사실에 놀랄 것이다.

과제 수행에 있어, 정해진 일정보다 앞서 있으면 리포트 작성이나 시험 준비처럼 비중이 큰일에 집중할 여유가 생긴다. 올에이 우등생들은 기회가 될 때마다 이런 전략을 이용한다. 대학생에게 여유 있는 주가 2주나 계속된다는 건 미신에 가까우며, 만약 여유가 생긴다면 이는 폭풍 전야일 것이다. 조금이라도 시간이 남는다면 일정보다 앞서서 과제를 해 나가자. 지평선 너머에는 반드시 허리케인 같은 마감일이 숨어 있다.

◎ 전부 다 읽지 않는다

"대학에서 모든 자료를 다 읽는다는 건 아무나 할 수 없는 사치스러운 일이다. 특히 학과 외에 다른 활동을 해야 한다면 말이다." 듀크대의 올에이 우등생 타일러의 말이다. 컬럼비아대의 리는 "먼저 자료를 우선순위대로 분류해야 한다. 읽어야 할 자료, 건너뛰어야 할 자료, 하지 않아도 될 자료로 나누는 것이다. 읽기 과제는 큰 부담이며, 전부 읽는 사람은 본 적이 없다-다 읽으면 정신 건강에 해롭다!"라고 말한다. 다트머스대의 올에이 우등생 크리스는 다음과 같이 조언한다. "강의 계획표에 있는 자료들을 모두 읽을 필요는 없다. 당연히!"

이 우등생들은 모두 같은 부분을 강조한다. 수업마다 요구하는 자료를 다 읽기란 불가능하며, 한정된 시간 내에 끝내기 어려울 만큼의 양인 경우도 많다. 모든 자료를 다 읽을 필요는 없다는 것을 기억하자. 대학은 커다란 동판에 이 구호를 새겨 기숙사 방마다 붙여 놓아야 한다. 신입생들이 이 비밀을 알게 되면 대학 생활에 대한 이유 없는 두려움이 사라질 것이다.

관건은, 중요한 자료와 넘어가도 될 자료를 구분하는 일이다. 올바른 결정을 내리려면 연습을 많이 해야 한다. 수강하는 과목이 많아질수록 과제를 중요도에 따라 정확히 분류하는 일이 수월해질 것이다.

그리고 조금 더 빨리 이 기술을 터득할 방법이 있다. 다음에 소개하는 기술은 올에이 우등생들이 무엇을 읽고, 읽지 않아도 되는가를 체계적으로 가려내기 위해 사용하는 방법이다. 예를 들어, 대부분의 대학에서는 매 수업에서 사용하는 한두 가지 자료를 읽기 목록에 제시한다. 이 책에서는 이를 주교재라고 칭하겠다. 보통 주교재는 교과서나 교과서와 관련한 자료 모음집이며, 간결한 틀 안에서 핵심 사항 및 논제를 개략적으로 드러냄으로써 강의의 기본 골격을 제시한다. 그러므로 주교재에 포함된 읽기 과제는 반드시 해야 한다.

그리고 전후 맥락을 제시하고, 특정 논지나 사건을 더 세부적으로 분석하는 다양한 보조 자료가 같이 쓰이는데, 일반적으로 대학 리포트, 연설문, 서적에서 발췌한 프린트물 등이 그것이다. 이런 자료들은 언뜻 보면 꼭 읽어야 할 것처럼 보이지만, 사실 소모품에 불과하므로 이것들을 다 읽겠다고 계획해서는 안 된다. 대신, 한 주 동안 과제 할 시간이 한정되어 있다면, 복습을 위해 중요한 보조 자료를 선택해 읽는 것은 좋다.

물론, 대학은 배움의 장이고 주어진 자료를 모두 읽을 수만 있다면 당연히 그리 해야 한다. 교수가 주어진 주제를 깊이 있게 이

해시키기 위해 해당 보조 자료를 선택했을 것이기 때문이며, 다다익선임은 말할 것도 없다. 그러나 타일러가 설명했듯, 모든 자료를 읽는다는 건 대학생에게 '사치스러운 일'이다. 자, 그렇다면 복습을 위해 무엇을 읽고, 무엇을 읽지 않을지를 어떻게 결정해야 할까? 올에이 우등생들은 다음의 간단한 보조 자료의 우선순위를 따른다.

1. 논지를 구성하는 자료
2. 사건이나 인물에 관해 설명하는 자료
3. 전후 맥락에 대한 정보만 제공하는 자료(연설문, 신문 기사 등)

우선순위의 첫 번째에 둔 보조 자료는 최소한 논지를 파악할 수 있을 만큼의 시간을 들여야 한다. 주교재만큼 자세히 읽을 필요는 없지만, 논제를 제대로 이해할 수 있을 정도는 되어야 한다. 두 번째 우선순위에 둔 보조 자료는 관련한 논지를 명확하게 하는 사실들을 소개하는 자료이므로, 훑어보면 된다. 빠르게 훑어보는 정도로도 충분하므로 낱낱의 내용에 주의를 기울일 필요가 없다. 마지막 우선순위에 둔 보조 자료는 보통은 미리 읽을 필요가 없다. 그러나 중요한 부분이 있다면 교수가 수업 중에 언급할 수 있으니 수업 시간에 반드시 지참하자. 그럼 이제 다음 두 가지 예시를 통해 이 전략을 실제로 적용하는 법을 살펴보겠다.

예시 1

아래는 '현대 미국의 출현'이라는 제목의 역사학 강의 계획표에서 발췌한 읽기 과제이다.

20회차: 베트남

수업 자료:

- 폴린 마이어 외(2003), 《미국 건국사》, 뉴욕 노튼 출판사, 952~957쪽, 968~971쪽
- 린든 비 존슨, 조지 카치아피카스 편저(1992), 《베트남 문건: 전쟁에 대한 미국인과 베트남인의 시각》 중 '존스 홉킨스 대학교 연설문', 뉴욕 아몽크 샤드레 출판사, 200~205쪽, (전자 대출)
- 팀 오브라이언(1998), 《그들이 가지고 다닌 것들》 중 '비 오는 강에서', 뉴욕 랜덤 하우스, 39~61쪽

일정이 빠듯한 상태에서 이 읽기 과제를 해야 한다고 하자. 어떻게 해야 할까? 먼저, 이 계획표에 있는 《미국 건국사》(교과서)는 거의 매 수업에서 다루기 때문에 주교재에 속한다. 이 교재에 포함된 자료는 반드시 읽어야 한다. 다른 두 자료는 보조 자료에 속하므로, 보조 자료 읽기의 우선순위를 적용해 어느 정도 집중해서 읽어야 할지를 결정한다.

린든 존슨의 연설문은 우선순위의 가장 아래에 있는, 전후 맥락에 대한 정보를 제시하는 자료이다. 이 자료는 대략 훑어보는 것 이상으로 준비할 필요는 없으며, 미리 출력해서 수업에 가져가는 정도면 충분하다. 그러면 수업 시간에 교수가 존슨의 연설과 관련하여 중요한 사항에 대해 언급할 때 참고하며 필요한 부분에 필기할 수 있다.

'비 오는 강에서'는 팀 오브라이언의 훌륭한 저서 《그들이 가지고 다닌 것들(The Things They Carried)》에 수록된 글이다. 이 책은 베트남전 당시의 상황에 대해 소설의 형식을 빌려 쓴 작품으로, 퓰리처상 수상작이기도 하다. 다시 말하지만, 시간만 허락한다면 이 책은 읽을 만한 가치가 있으며, 아주 매력적이고 화려한 작품이다. 그러나 지금 상황에서 이 책을 읽는다면, 부담이 크므로 보조 자료 읽기의 우선순위를 적용해야 한다. 이 책은 사건을 묘사하는 자료이므로, 우선순위의 두 번째에 속한다. 따라서 주어진 20쪽 분량을 10~20분 이내에 훑어보는 정도로만 읽으면 된다. 물론, 수업 때 이 책을 지참해 교수가 관련 내용을 언급할 때 펼쳐보면 좋다.

자료 읽기에 있어 소설은 까다로운 면이 있다. 앞서 제시한 팀 오브라이언의 저서는 역사의 한 부분을 허구로 기술한 소설인데,

여기서는 현대 미국 문화의 형성을 다루는 역사학 수업에서 읽어야 할 과제이다. 이런 맥락에서 이 책은 토론에 필요한 배경지식을 제시하는 자료이지, 논지를 구성하는 자료가 아니다. 따라서 보조 자료 읽기 우선순위에서는 두 번째에 속한다.

그러나 소설이 항상 우선순위의 하위에 들어가는 것은 아니다. 소설은 특정한 사건이 발생한 이유를 문화적으로 짚어내는 동시에 깊이 있는 탐구를 위한 수단이 되기도 하기 때문이다. 이런 경우라면 소설도 주교재가 될 수 있으며 최소한 보조 자료 우선순위의 첫 번째 정도로도 중요도가 올라갈 수 있다. 예를 들어, 20세기 전체주의를 다루는 정치학 수업에서 조지 오웰의 《1984》를 사용한다면, 이 책은 단순히 시대적 배경이나 역사적 정황에 대한 자료에 그치지 않고, 수업의 주제에 대한 중요한 논점을 제시하는 역할을 하게 될 것이다. 소설을 가볍게 여기만 안 된다. 게다가 소설을 중점적으로 다루는 문학 수업에서라면 소설은 주교재로 쓰일 수도 있다. 그리고 하버드대의 크리스틴은 자료 읽기에 대해 "자료의 요약본만 읽거나 아예 읽지 않는 것은 수업의 본질을 흐리는 일이다. 반드시 자료 자체를 읽어야 한다."라고 조언한다.

예시 2

다음은 '보건 정책 비교'라는 제목의 정치학 강의 계획표에서 발췌한 다소 까다로운 예시이다.

4회차: 국민 건강 보험 탐구: 클린턴 정부의 보건 복지안

수업 자료:

- 알레인 엔소벤, 통제된 경쟁: 행동을 위한 지침, 《보건부 7권 3호(1998년 여름호)》, 25~47쪽
- 에릭 에콜롬(1993), 《대통령의 보건 복지안》 중 '소개', 뉴욕 타임즈 북스, vii~xvi. ISBN: 0812923863
- 데다 스카폴, 《보건부 14권 1호(1995년 봄호)》 중 '클린턴 정부 보건 복지안의 탄생과 종말', 66~85쪽
- 휴 헤클로, 《보건부 14권 1호(1995년 봄호)》 중 '역사적 관점에서 본 클린턴 정부 보건 복지안', 86~98쪽
- 마크 에이 피터슨, 마거릿 위어 편저(1998), 《사회 분열》 중 '보건 복지 정책의 정치학: 양극화 시대의 과잉 대응', 워싱턴 D.C 브루킹스 학회 출판사, 181~229쪽

이 예시가 까다로운 이유는 주교재가 없기 때문이다. 이 수업에서는 강의 시간마다 지속적으로 사용하는 교과서나 교재가 없다. 해결책은 강의의 제목을 실마리로 삼는 것이다. 쉽게 말하면, 주교재가 없는 수업에서는 해당 날짜 강의의 주제를 직접적으로 언급하는 자료가 그날의 주교재이며, 나머지 자료는 보조교재라고 생각하면 된다.

이번 예시의 강의 제목은 '국민 건강 보험 탐구: 클린턴 정부

의 보건 복지안'이다. 따라서 에릭 에콜롬과 데다 스카폴, 휴 헤클로의 자료가 이날의 주교재이다. 이 세 자료는 모두 클린턴 정부의 보건 복지 계획안을 직접적으로 다루기 때문이다. 이것들은 주의 깊게 읽어야 한다.

나머지 두 자료는 보조교재이다. 두 자료에는 클린턴 정부의 보건 복지라는 주제와 관련한 논의가 포함된 것으로 보이므로, 보조 자료 읽기 우선순위의 첫 번째에 속한다. 따라서 이 자료들을 읽을 때는 논지를 잘 파악해야 한다. 두 자료의 도입부를 읽고 파악한 논제를 자세히 적는 것으로 충분할 것이다.

결정한 사항을 확인한다

무엇을 읽고 무엇을 읽지 않을지를 결정하려면 항상 강의를 이용해야 한다. 읽지 않은 자료를 교수가 중요하게 다룬다면(이런 일은 종종 일어난다.), 시험 전에 이 자료를 다시 자세히 읽어야 한다고 기록해 둔다. 좀 더 똑똑하게 대처하려면 즉시 강의 계획표의 다음 수업 부분에 이 자료 읽기를 과제로 써넣고 여유가 있는 날 꼼꼼히 읽는다. 그리고 미루지 말자. 미루다 보면 시험이 닥쳤을 때 그간 미뤄 온 읽기 자료가 산더미처럼 쌓여 있게 될 것이다.

반대로 교수가 특정 자료를 아주 세세한 부분까지 짚어가며 다룬다면, 나중에 그 자료는 더 꼼꼼히 읽어야 한다. 다트머스대의 리디아는 다음과 같이 말한다. "수업 시간에 집중하고 제대로 필기하면 읽기 과제는 종종 불필요한 일이 된다."

주교재 읽고 쓸모 있게 필기하기

앞서 우리는 무시하거나 건너뛸 자료에 관해 이야기했다. 그렇다면 이번에는 자세히 읽어야 할 주교재를 어떻게 다룰 것인지 알아볼 차례이다. 이 경우에는, 자료를 읽으며 기록하는 방식에 따라 결과가 달라진다. 대충 적으면 과제를 끝내기는 쉽지만, 나중에 시험공부를 할 때 참고할 만한 핵심 개념을 골라내기가 어렵다. 시간만 버리는 셈이다.

반대로, 단락마다 너무 자세하게 적어 가며 읽으면, 과제에 너무 많은 시간이 든다. 가장 합리적인 방법은, 앞서 다룬 수업 시간의 필기 전략을 이용하는 것이다. 잠깐 기억을 더듬어 보자. 수업 시간 필기 전략의 핵심은, 모든 핵심 개념을 질문/근거/결론의 형태로 정리하는 것이다. 이 전략은 읽기 과제에 대한 필기에도 꽤 잘 들어맞다. 이렇게 해 보자.

먼저, 강의를 들을 때처럼 컴퓨터를 사용한다. 컴퓨터를 사용하면 내용을 깔끔하게 정리할 수 있고, 공부할 때 사용하기 편리하며, 많은 내용을 쉽게 기록하고, 마무리할 수 있다. 그리고 자료의 도입부를 자세히 읽으며, 저자가 어떤 질문을 염두에 두고 말하는지를 찾아본다. 여기서 주의할 점은, 질문과 결론(논제)은 다르다는 것이다. 예컨대, '클린턴 정부의 보건 복지안은 왜 실패했는가?'는 질문이고, '클린턴 정부의 보건 복지안은 상업적 의료 서비스 제공자들의 반대로 실패했다.'는 논제이다. 질문은 보통 제목에서 드러나거나 도입부의 처음 몇 줄 속에 제시된다. 여기서 찾아낸 질문을 명확히 적는다.

다음으로, 저자의 결론을 찾는다. 학자는 질문에 대해 복잡한 답을 하기로 유명한 사람들이므로 이 단계가 가장 어렵다. 이야기의 요지를 파악하려면 신중히 살펴야 한다. 처음 몇 단락을 자세히 읽자. 보통은 여기에 결론이 숨어 있다. 마지막 몇 단락도 확인하자. 근거가 모두 나온 뒤 마지막에 결론이 한 번 더 언급되는 경우도 있다. 이렇게 결론을 파악했다면, 노트에 그 내용을 자세히 적는다. 요점을 짚어 내기 위해 여러 문장을 적어야 하더라도 겁내지 말자.

다음은 쉽다. 전체 자료를 일단 대략 훑어본다. 아직 무언가를 적을 필요는 없다. 대신, 훑어보면서 중요하다고 생각되는 부분을 연필로 표시한다. 속도를 내서 읽는 중이므로 몇 부분은 놓칠 것이다. 하지만 걱정할 것 없다. 이 점에 대해 펜실베이니아대의 올에이 우등생 제이슨은 "저자의 논제가 무엇인지, 어떻게 근거를 들어 이 논제를 증명하는지 골자 정도만 파악하고 넘어간다."라고 말한다. 모든 내용을 낱낱이 파악할 필요는 없다. 이 단계의 목적은 질문에 대한 결론을 뒷받침하는 몇 가지 확실한 근거를 표시하는 것이다.

이렇게 자료 전체를 다 훑어봤으면, 표시했던 부분으로 돌아간다. 그리고 표시한 부분의 요점을 노트에 간략히 적는다. 요점을 적을 때는 그 내용을 확인할 쪽수도 함께 기록하자. 시간이 오래 걸리지는 않을 것이다. 적는 형식이나 문법적 오류도 신경 쓸 필요 없다. 중요한 것은 찾아낸 근거를 노트에 옮기는 것이다. 다 쓰고 나면, 노트에는 명확하게 적힌 질문에 이어 대여섯 개 정도의 근거 목록과 알아보기 쉽게 적힌 결론이 나타난다. 여기까지다!

일반적인 하나의 지문이나 한 첍터를 읽은 뒤 필기한 내용은 한 줄 띄어쓰기로 작성한 문서를 기준으로, 많아야 한 쪽을 넘기지 않는다. 이 정도를 작성하는 데는 20~30분 정도면 충분하다.

시간이 이보다 더 걸린다면, 읽는 속도가 너무 느린 것이다. 물론, 빨리 읽지 못한다고 걱정하지 말자. 질문과 결론을 이해하고 그 둘을 연결하는 근거를 찾으면 된다. 브라운대의 매슈는 "사실을 파악하기 위해서가 아니라 논점을 파악하기 위해서 읽어야 한다." 라고 말한다.

연습문제 풀이는 혼자서 하지 않는다

이공계 과목에서의 주요 과제인 연습문제 풀이를 수월하게 해내기 위해 염두에 둘 것은, 앞서 설명한 규칙을 따라가되, 조금씩 지속적으로 하는 것이다. 다트머스대의 올에이 우등생 라이언은 "연습문제 풀이는 수업 중 틈틈이, 다른 활동 사이사이에 조금씩 나눠서 하면 좋다."라고 말한다. 하루에 한두 개 정도의 문제에만 집중하면 정신적인 부담을 줄일 수 있을뿐더러, 공부량을 잘게 쪼개서 하면 한꺼번에 할 때보다 오히려 시간이 덜 걸린다. 게다가 뇌도 효율적으로 사용할 수 있다.

그러나 아무리 계획을 잘 세워도 진전이 없는 때가 있다. 이럴 때는 가능한 한 많은 방법을 동원해서 이 상황을 벗어나야 한다. 이공계 과목에서는 흔한 일이지만, 친구들과 함께 연습문제 풀이를 해 보자. 다트머스대의 그레타는 "친구들과 스터디 모임을 만들어 공부하면, 어려운 문제를 놀랄 만큼 빨리 해결할 수 있다."라고 말한다. 함께 과제를 할 수 있는, 수준이 비슷한 친구 한두 명과 정기적으로 문제 푸는 시간을 갖자. 제출일 이삼일 전에 모임을 잡았다면, 미리 문제를 풀어본 후 어려운 부분을 알아가는 게 좋다. 그래야 스터디 모임을 효율적으로 이용할 수 있다. 유의할 점은, 스터디 모임을 제출일 바로 전날로 잡지 않는 것이다. 풀이를 마친 문제들을 다시 한번 점검하고, 실수한 부분을 수정하려면 적어도 제출일 전 하루 정도는 정리할 시간이 필요하다.

또한, 정기적으로 마련된 연습문제 풀이 시간도 잘 활용해야 한다. 대부분의 이공계 과목은 일주일에 한 번 정도 정규적인 연습문제 풀이 시간이 있는데, 보통 조교들이 진행한다. 이 시간은, 수업 시간에 다룬 내용 중 복잡한 개념을 명확히 하고, 까다로운 문제를 풀 수 있게 돕기 위한 시간이다. 웬만하면 이 시간을 놓치지 말고, 미리 문제를 풀어 질문할 거리를 준비해 참석하자. 조교들이 까다로운 개념을 잘 설명해 줄 것이며, 궁극적으로는 연습문제 풀이에 들어가는 시간과 한숨을 한층 줄일 수 있다.

◎ 일과 중에 끊임없이 문제를 고민한다

풀기 어려운 문제들은 계획된 일정과 상관없이 나타난다. 연습 문제 풀이에 들일 시간을 미리 계획해 두었다 하더라도, 정한 시간 안에 그 답을 찾을 수 있다는 보장이 없다. 창의성이 요구되는 문제라면 더더욱 그렇다. 자리에 앉아 빈 종이를 들여다보는 것만으로 문제를 풀 수 없다.

스터디 모임을 만들어 공부하면 이런 당황스러운 순간을 미연에 방지할 수 있다. 하지만 스터디 모임은 대부분의 문제에 대해 잠정적인 결론을 내린 상태로 참석할 때 더 효과가 있다. 여러 명이 모든 문제를 처음부터 끝까지 함께 푸는 일은 지나친 시간 낭비다. 이 점을 염두에 두고, 일정에 방해가 되지 않는 선에서 사전에 혼자 충분히 문제를 다룰 수 있는 확실한 전략을 써야 한다. 유능한 이공계 학생들이 많이 사용하는 기술은 일과 중에 계속해서 문제의 해결법을 고민하는 것이다. 방법은 다음과 같다.

먼저, 한두 개의 문제와 익숙해질 만큼의 짧은 시간을 미리 계획하고, 그 시간에 질문의 요지를 확실히 파악한다. 개념을 숙지하기 위해서는 수업에서 필기한 내용을 다시 검토해야 할 수도 있다.

다음으로, 가장 명백한 방법으로 문제를 풀어본다. 어려운 문제는 풀리지 않을 것이다. 그러나 답을 찾지 못했더라도, 일단 풀기 어려운 요인은 파악했을 것이다. 이제 진짜 해답을 내놓을 준비가 되었다.

다음 단계는 언뜻 납득되지 않을 것이다. 이제 노트를 치우고 다른 일을 하라. 해답을 찾는 데만 꼬박 집중하는 대신, 캠퍼스를 걸으면서, 식당에 줄을 서면서, 샤워를 하면서 머리로 여러 가지 해법을 고민해 보는 것이다. 오로지 문제 풀이만 생각하면서, 조용히 산행을 하거나 긴 드라이브를 해도 좋다. 의외로 이런 방법으로 해답을 찾는 경우가 왕왕 있다. 그런 후에는 책상에 앉아 형식을 갖추어 풀이 과정을 적으며 꼬인 부분을 풀어 나간다. 다른 일을 하며 머릿속으로 문제를 푸는 일이 효과적인 이유를 확실히 알 수는 없지만, 이유야 어찌 됐건 많은 학생이 이런 식으로 문제를 해결한 경험이 있다고 한다. 게다가 금쪽같은 자유 시간을 통째로 잡아먹는 것이 아니라 활동 중 막간을 이용해 대부분의 문제 풀이를 마치는 셈이니 시간도 한층 절약된다.

풀이 과정은 처음부터 깔끔하게 적는다

연습문제 풀이 시간을 절약할 수 있는 또 다른 방법은 풀이 과정을 처음부터 깔끔하게 적는 것이다. 많은 학생이 처음에는 대충 풀이 과정을 적었다가, 제출 전에 알맞은 형태로 수정하는 과정을 거친다. 그러나 풀이 과정을 두 번씩이나 적을 필요는 없다. 천천히 한 번만 적자. 답은 신중하게, 제출하기에 부족함이 없을 만큼 깔끔하게 말이다. 이렇게 하고 일정표에 과제를 마쳤다고 표시하면 끝이다.

3단계 / 지혜롭게 자료를 정리하는 법

놀라운 사실이 하나 있다. 올에이 우등생들은 대부분 '공부'를 대단한 일로 여기지 않는다는 점이다. 그들은 강의 중 핵심 개념을 찾고, 읽기 과제와 필기를 통해 논점을 파악하고, 연습문제를 풀면서, 시험의 고수가 되는 데 필요한 공부는 끝냈다고 생각한다. 시험일이 다가오면, 시험에 대해 파악하고 내 것으로 소화한 것들을 검토하기만 한다.

반면, 잠을 물리쳐 가며 공부 마라톤을 해야 하는 학생들은 학기 중에 조금씩 소화할 수 있었을 내용을, 시험 며칠 전에 겉핥기식으로 해결하기 바쁘다. 그러니 이제 공부 시간과 성적은 비례한다는 통념은 버리자. 우등생들은 시간을 들여 열심히 공부한다는 것을 무언가 잘못하고 있는 것으로 여긴다. 시험공부는 고통스러운 일이어서도, 긴 시간을 들여야 하는 일이어서도 안 된다.

쓰임새 있게 필기하고, 과제를 효율적으로 해결하는 데 필요한 앞의 1, 2단계를 잘 적용하면, 우리에게도 시험공부가 대단하지 않은 일이 될 수 있다. 사실, 퀴즈나 시험을 앞두고 해야 할 일은 딱 두 가지뿐이다. 공부할 자료를 똑똑하게 정리하고, 정리한 자료를 집중 공략하는 것! 자, 이번에는 공부할 자료를 지혜롭게 정돈하는 방법에 대해 다룰 예정이다. 겁먹지 말자. 학습 자료를 제대로 정리하는 일은, 어렵지 않다. 올바른 방법으로 해야 할 뿐이다. 많은 학생이 이 단계를 간과한 채 곧바로 시험공부에 돌입하는데, 사실 이렇게 하면 시간만 낭비하는 격이다. 우리가 원하는 바가 아니다. 앞으로 이어질 부분에 집중하면 시험공부라는 어려운 고개를 가뿐하게 넘을 수 있다.

시험에 대해 파악한다

시험공부를 제대로 시작하려면 먼저 시험에 대해 정확히 알아야 한다. 브라운대의 사이먼은 "교수가 어떤 종류의 정보를 원하는지 알아야 한다."라고 말한다. 즉, 이 목표를 달성하려면 다음 질문에 답할 수 있어야 한다.

- 강의와 읽기 과제(혹은 연습문제)의 어느 부분을 대상으로 하는가?
- 질문의 종류와 개수는 어떠한가? 하버드대의 크리스틴은 "시험에서 어떤 종류의 지식-본문 파악, 날짜, 지문의 주요 논점 통합 등-을 묻는지 알아 두면 도움이 된다."라고 말한다.
- 시험 중에 노트나 교재를 참고할 수 있는 오픈 북 형태인가?
- 이공계 과목의 경우, 시험지에 공식이 제시되는가 아니면 미리 암기해야 하는가?
- 시간은 얼마나 쓸 수 있는가? 어려운 편인가, 쉬운 편인가?

묻지 않아도 이런 사항을 언급해 주는 교수도 있지만, 대부분은 그렇지 않다. 시험 2주 전에도 교수가 시험에 대한 세부 사항을 언급하지 않는다면, 질문해야 한다. 자신이 없다면 수업 후에라도 질문하자. 빠를수록 좋다. 시험 결과를 좌우할 중요한 사항이다.

인문계 과목: 스터디 가이드를 만든다

다트머스대의 라이언은 "항상 스터디 가이드를 만든다. 정말 효과 만점이다."라고 말한다. 스터디 가이드 만들기는 올에이 우등생들과 진행한 인터뷰에서 계속 언급되는 부분이었다. 물론 만드는 방식은 제각각이었지만, 그들은 공통적으로 다음과 같은 일반적인 방식을 따르고 있었다.

인문계 과목의 경우, 일단 시험 범위에 해당하는 진도와 자료가 파악되면 해당하는 필기 내용을 출력하거나 노트에서 떼어 낸다(떨지 말자!). 그리고 이 낱장들을 주제별로 모아서 묶는다. 클립으로 고정한 뒤, 각 묶음마다 주제를 표시한다. 일단 시험공부를 시작하면 고립된 장소 여러 곳을 옮겨 다닐 것이므로, 단단히 고정하는 게 매우 중요하다. 여기서는 이렇게 각각의 주제로 묶은 철 하나하나를 간단히 '묶음'이라고 부르겠다. 완성된 스터디 가이드에는 시험에서 다루어질 각 큰 주제와 관련된 읽기 자료, 강의 필기가 '묶음'으로 들어가 있어야 한다.

이공계 과목: 문제은행을 만든다

이공계 수업에서는 많은 학생이 예제 풀이에 초점을 둔 스터디 가이드의 변종을 만들어서 활용한다. 연습문제 풀이 과제는 시험 공부의 핵심이다. 먼저 시험 범위에 해당하는 연습문제들을 모으고, 각 연습문제 모음마다 노트에 필기한 예제를 더한다. 그리고 시험 범위에 해당하는 강의마다 다음 단계를 따른다.

- 강의와 강의에 해당하는 연습문제를 짝짓는다.
- 강의 노트에 적힌 예제들을 빈 종이에 옮겨 적는다. 풀이 과정과 답을 제외한 문제만 적는다.
- 문제만 적은 종이마다 강의 날짜를 표시한다. 나중에 예제의 출처를 알기 위함이다(해답이 어느 부분에 있는지도 꼭 표시해 둔다).
- 이렇게 작성한 종이들을 첫 단계에 모아둔 연습문제와 함께 클립으로 고정해 묶는다.

즉, 이 과정을 거치면 연습문제에 강의 노트에서 발췌한 예제가 더해져 문제은행이 만들어지는 것이다. 간단하지 않은가?

마지막으로 여기에 '논리 전개 문제'를 접목한다. 문제은행에 포함된 주제마다 기본 개념을 설명하는 질문을 더하는 것이다. 예를 들어, 다트머스대의 그레타는 "경제학 수업용 학습 노트를 만들고, '정부가 제출을 늘리고 이자율을 낮추면 무슨 일이 발생하는가?'와 같은 기본 질문을 첨가한다."라고 말한다. 화학 수업을 예로 든다면, 특정 화합물의 분자 구조를 그려야 하는 질문이 여러 개 포함된 연습문제에, '분자 구조를 그리는 일반적인 절차와 왜 이 방법이 유용하며 어떤 점을 유의해야 하는지 설명하라.'라는 질문을 첨가할 수 있다.

일반적인 예제에, 이러한 논리 전개 문제를 추가하는 것은 중요한 과정이다. 특정 예제 풀이 과정을 단순하게 암기만 한 것인지, 기본 개념을 제대로 이해했는지를 확인할 수 있기 때문이다.

마지막으로, 교수가 시험 대비 실전 문제를 제공한다면, 이것도 문제은행에 포함하자. 이공계 수업에서 이러한 실전 문제는 훌륭한 시험 준비 도구이다.

암기 도구를 준비한다

암기할 부분은 이공계 과목, 인문계 과목 모두 있다. 공식, 화학식, 작품명, 날짜나 연대기 등이 그것이다. 이런 암기를 효과적으로 하기 위해서는 플래시 카드를 이용하면 좋다. 내가 인터뷰한 올에이 우등생들은 대부분 암기에 플래시 카드를 썼다. 문제는, 플래시 카드는 쉽게 사용할 수 있지만 만드는 데 시간이 오래 걸린다는 것이다. 그러므로 일찍 시작해야 한다. 가능하면, 공부를 시작하기로 계획한 날 일주일 전에 준비하자. 집중력이 많이 필요한 일은 아니므로, 텔레비전을 보면서 조금씩 만들어 두면 된다.

자료 준비만 하는 시간을 계획한다

자료를 만들며 공부하려고 하지 말자. 많은 올에이 우등생이 자료를 만드는 동시에 공부하기보다, 공부할 때는 공부만 하는 전략을 쓴다. 시험공부를 할 때는 최대한 공부에만 집중할 수 있어야 한다. 오늘 공부할 자료를 오늘 정리한다면, 머릿속이 피로해져 효율적으로 공부할 수 없다. 공부할 자료 준비와 공부를 분리해 계획하는 것만으로도, 들이는 시간의 총량은 줄이면서 좋은 결과를 낼 수 있다.

4단계 / 정리한 자료를 정복하는 법

이제 본격적으로 공부를 시작할 차례다. 몇 주간 수업을 듣고 과제를 하면서 중요한 정보를 쓰임새 있게 필기해 두고, 시험에 필요한 정보를 스터디 가이드로 만들어 두었다. 플래시 카드도 장착했으니 준비는 완벽하다. 충분히 쉬었다면 공부해 보자. 남은 일은 정말 공부뿐이다! 사실, 이 단계가 보통 학생들이 시험공부라고 말하는 부분이다. 주어진 시간을 공부에 쏟아붓기만 하는 시간 말이다. 그러나 우리는 그러지 말자. 지금까지 들인 노력은 이 단계를 조금이라도 가볍고, 수월하며, 부담스럽지 않은 것으로 만들기 위함이다. 걱정하지 말자. 이제부터 우리에게 밤샘이란 없다.

지금부터, 잘 정리한 자료를 최대한 효율적으로 머릿속에 집어넣을 강력한 기술들을 소개하겠다. 이 기술들은 빠르고 더할 나위 없이 효과적이다. 믿고 사용해 보기를 바란다.

묻고-답하기

철학이건 미적분이건, 기본 개념을 기억하는 데 가장 효과적인 방법은 '내용을 훑어본 다음, 보지 않고 나름의 문장으로 내용을 설명하는 것'이다. 읽은 것을 보지 않고 잘 설명할 수 있거나, 논리 전개 과정을 빈 종이에 실수 없이 적을 수 있으면 개념을 완전히 숙지했다는 의미이며, 이런 개념들은 완전히 자기 것이 된다.

내용을 반복해서 읽기만 하면 소용이 없다. 수동적으로 개념을 살펴보는 것과 적극적으로 개념을 설명하는 것은 다르다. 학생 대부분이 개념을 익힐 때 수동적인 검토에만 의존하는 실수를 한다. 노트와 자료를 읽고 또 읽으며, 읽으면 더 오래 기억할 수 있으리라 믿는다. 그러나 다트머스대의 라이언은 경고한다. "단순히 반복해서 읽는 것만으로는 충분하지 않다. 내용을 머릿속에 붙들어 두려면 부가적인 노력이 필요하다."

인문계 과목에서의 묻고-답하기

인문계 과목의 시험을 준비할 때 묻고-답하기 방법을 사용하려면, 먼저 스터디 가이드의 각 '묶음'에 대한 연습 퀴즈를 만들어야 한다. 그러나 1, 2단계를 충실히 따랐다면, 노트에 퀴즈에 포함될 질문이 질문/근거/결론의 형식으로 이미 잘 정리되어 있을 것이다. 즉, 첨부한 강의 노트에 적힌 질문/근거/결론 틀의 질문을 그대로 사용하면 된다.

여기에 융통성을 발휘할 수도 있다. 노트에 적힌 질문이 너무 포괄적이라면-수업 내내 하나의 주제를 다룬 경우-이 질문을 구체적인 여러 개의 질문으로 쪼개 보자. 모든 사항을 다룰 수 있는 작은 질문 여러 개를 만드는 것이다. 반대로, 노트에 너무 세세한 사항을 다룬 질문만 가득하면, 이 질문을 통합해 큰 개념을 묻는 질문으로 만들어 본다. 정해진 형식은 없다. 여기서는 각 장에 포함된 내용을 모두 다루는 연습 퀴즈를 만드는 것이 목표다. 만든 질문에 모두 답할 수 있으면, 핵심 개념을 빠짐없이 준비했다는 뜻이다.

연습 퀴즈를 모두 준비했다면, 이제 문제들에 하나하나 답해 보자. 질문마다 결론을 내고, 이를 뒷받침하는 근거를 제시한다. 필기한 내용으로 빠짐없이 설명할 필요는 없지만, 핵심 개념을 적절히 요약하고 뒷받침할 수는 있어야 한다. 여기서 중요한 것은 이 과정을 머릿속으로만 따라가서는 안 된다는 것이다. 방해되지 않는 장소라면, 완결된 문장으로 소리 내어 답해 본다. 다트머스대의 리디아는 "걸으면서 소리 내어 말하면 정말 잘 외워진다."라고 말한다. 배경 음악을 틀어 놓고 활기차게 걸으며 답을 말하면 작은 이벤트가 되기도 한다. 휴대가 가능한 스터디 가이드를 들고, 도서관 밖을 걸어 보자. 나는 캠퍼스의 오솔길을 걸으며 이런 식으로 공부하고는 한다. 내가 만난 학생 중에는 러닝머신 위에서 시험공부를 하는 학생도 있다. 창의력을 발휘하자.

책상에 오래 앉아 있다고 해서 공부가 되는 것은 아니다. 학생이 많은 장소라 조용히 공부할 수밖에 없는 상황이라면, 답을 글로 적어보면 된다. 다트머스대의 멜라니는, "머릿속에 있는 내용을 직접 쓰며 정리하는 정도로 충분했다."라고 답하기도 했다. 문법과 맞춤법까지 신경 써서 답할 필요는 없지만, 필요한 정보는 모두 포함되어야 한다. 지름길은 없다. 직접 말하거나 적어 보지 않으면 완벽하게 공부한 것이라고 할 수 없다.

퀴즈를 풀다가, 답을 모르겠으면 작게 표시해 두고, 스터디 가이드를 꼼꼼히 살펴 답을 찾는다. 그런 뒤에는 잠깐 쉬자. 이번에는 처음에 풀면서 표시한 문제만 짚어가며 첫 번째 단계를 반복한다. 아직도 풀리지 않는 문제가 있는가? 그 옆에 새로운 표시를 하나 더하자. 한 번 더 노트를 살펴 답을 찾고 쉰다. 그리고 두 번 표시된 퀴즈를 찾아 다시 답한다. 이쯤이면 답이 완료된다. 이렇게 새로 표시하지 않아도 될 때까지 반복한다. 표시가 더 늘지 않으면 공부 완료이다.

이 접근법의 장점은 효율성이다. 이해한 질문에 가장 적은 시간을 들이고, 어려운 질문에 가장 많은 시간을 들였기 때문이다. 끝나는 지점이 확실하기까지 하다. 얼마나 더 공부해야 할지 전전긍긍하지 않아도 된다. 일단 표시가 더 늘지 않으면 끝나기 때문에 시간을 더 들일 필요가 없다. 다들 시험 직전까지 퀴즈를 반복해 풀어야 한다고 생각하는데, 절대 그럴 필요 없다! 묻고-답하기 방법은 같은 내용을 반복해 보지 않아도 되어 매우 효율적이며, 완결된 문장으로 답을 서술해봄으로써 답을 확실히 머리에 남길 수 있다. 다트머스대의 크리스는 이렇게 말한다. "묻고-답하기 방법은 생각보다 시간이 덜 걸린다. 하루 동안 시험과 관련한 퀴즈를 만들고, 그 후에 몇 시간 정도만 더 공부하면 된다."

이공계 과목에서의 묻고-답하기

묻고-답하기 방법은 이공계 과목에도 적용되는데, 만들어 둔 문제은행을 풀기만 하면 된다. 논리 전개 문제부터 시작하자. 개념을 묻는 문제를 풀어 두면, 뒤에 나오는 세세한 부분을 다루는 예제 풀이는 쉽다. 인문계 과목처럼, 가능하면 수업 시간에 강의하듯 소리 내서 답해 보고, 명확하게 답을 적어보는 것도 좋다. 단, 중요한 세부 사항은 절대 건너뛰지 말아야 한다.

논리 전개 문제를 풀었다면, 이제 예제 차례다. 차근차근 문제에 답해 보자. 다시 이야기하지만, 머리로만 풀면 안 된다. 브라운대의 올에이 우등생 워라섬은 "내용을 읽는 것으로 끝내지 않는다. 중요한 식이나 개념은 손으로 써 본다."라고 말한다. 제출용 과제처럼 세세한 부분까지 신경 쓸 것은 없지만, 최소한 나중에 알아볼 정도는 되어야 한다. 답의 도출 과정을 정확히 설명할 수 없으면 문제를 완전히 이해하지 못한 것이다. 자신을 속이지 말자. 답을 외우기만 해서는 시험 문제를 절대 풀 수 없다. 앞서 설명했듯이, 잘 풀리지 않는 문제는 작게 표시해 두고, 관련된 필기 내용을 찾아 복습한다. 잠깐 쉬고, 표시한 문제들만 다시 푼다. 더 표시하지 않아도 될 때까지 이 과정을 계속한다. 표시가 늘지 않으면 공부를 끝낸다.

하버드대의 도리스는 다음과 같이 이공계 과목을 위한 마지막 조언을 건넨다. "과거에 있던 시험에서 문제가 출제될 수 있다. 이럴 때를 위해 필요한 건 족보다." 이런 경우에는, 묻고-답하기 문제를 다 풀어본 뒤, 실제로 시험을 치르듯이 시간을 재며 족보를 풀자. 이 단계를 거쳐야 필요한 개념을 완전히 익혔는지 점검해 볼 수 있다. 풀리지 않는 문제가 있으면, 그것만 다시 살펴본다. 풀지 못한 문제가 많으면, 묻고-답하기 과정이 충실하지 않았다는 뜻이다. 그러면 새로 묻고-답하기를 하며, 각 단계를 분명히 이해하고 넘어가자. 그래도 막히는 문제가 있다면? 이제는 친구나 조교에게 도움을 청할 차례이다.

반복해서 암기한다

날짜, 작가의 이름, 연대기, 공식 등과 같이 정확히 암기해야 하는 자료에 대해서는 안타깝게도 왕도가 없다. 플래시 카드를 이용하자. 카드를 무작위로 섞은 상태에서 막힘없이 답을 할 수 있을 때까지 반복한다. 암기는 정신력이 뒷받침되어야 한다. 그러나 8시간을 내리 암기할 필요는 없다. 하루에 한 번, 한두 시간만 투자하면 끝이 보인다. 암기는 시험공부와 분리해야 한다. 암기할 시간을 여러 날에 분산시켜 놓자. 플래시 카드 암기라고 한번에 많은 시간을 쏟지 않아야 한다.

다트머스대의 멜라니는 친구들의 암기 방식을 이렇게 회상했다. "저녁을 먹다가도, 컴퓨터 사용 대기 줄에 서서도, 기회만 생기면 플래시 카드를 꺼내 들었다." 이것이 바로 이 지루한 과제 속에서 필요한 정보를 저장하는 데 가장 효과적인 방법이다.

5단계 / 사악한 시험 문제에서 빠져나가는 법: 시험재해보험

대부분의 학생이 시험에 관해 끔찍한 일을 겪는다. 레퍼토리는 다들 비슷하다. 첫 번째 문제를 아주 쉽게 풀었고, 시간도 넉넉하다. 예감이 좋다. 그런데 다음 문제는 전혀 알 수가 없다. 빈칸으로 두자니 시험을 망칠 것 같아 뚫어지게 문제만 바라보고 있는데, 그동안 다른 문제에 쓸 시간이 슬그머니 빠져나가 버렸다. 좋았던 기분은 사라지고, 그 자리에 공포심이 밀려온다. 이렇게 시험재해를 경험한다.

흔히들 이런 시험재해를 피할 수 없다고 말한다. 주제를 빠짐없이 공부할 수도 없으므로, 당연하다고 한다. 그러나 이는 사실이 아니다. 올에이 우등생들은 시험에서 등장하는 사악한 문제에서 빠져나가는 방법을 알고 있다. 이는 시험에 대해 일종의 재해보험을 드는 것과 같다. 이 보험은 수업 중 잠깐 조는 동안 사라져버린 내용이 시험에 깜짝 등장하는 일에 단단히 대비하기 위한 것이다.

이 보험은 단순한 전략에 기인한다. 바로, '물음표 지우기'이다. 이 물음표 지우기 전략은 학기 중에 계속 사용할 것이며, 이렇게 하면 예상치 못한 질문 때문에 당황하는 일이 현저히 줄어든다.

물음표 지우기

우리는 1단계에서 수업 시간에 질문/근거/결론의 구조로 쓰임새 있게 필기하는 법을 다뤘다. 그리고 필기하다가, 제대로 이해하지 못한 주제가 있다면, 물음표를 달라고 했던 것이 떠오를 것이다. 이렇게 물음표를 붙이는 경우는, 인문계와 이공계 수업 모두에 해당한다. 흔히 있는 일로, 집중하지 않았거나, 교수가 충분히 설명하지 않고 넘어가 버렸을 때 일어나고는 한다.

물음표는 위협적인 존재이다. 하버드대의 크리스틴은 강의의 요점을 제대로 짚지 않는 것에 대해 "시험에서 제대로 암흑 상태에 놓일 가능성을 둔 모험이다."라고 이야기한다. 시나리오는 간단하다. 학기 중에 몇 번이고 집중하지 않으면, 곧 노트에는 여러 개의 물음표가 그려진다. 그런데 시험이 다가오면 할 일이 너무 많아진다. 일단, 이해한 핵심 개념을 검토하는 것도 만만치 않다. 그렇게 간간이 등장하는 물음표는 잊힌다. 준비를 다했다고 생각하며 시험지를 받았는데, 아이쿠! 이런! 공교롭게도 물음표를 붙였던 개념에 대해 길게 서술해야 하는 문제가 나와 버렸다. 이런 시나리오를 겪고 싶지 않다면, 반드시 물음표들을 없애야 한다.

핵심은 물음표를 지우는 과정을 시험보다 훨씬 앞서서 시작해야 한다는 것이다. 시험공부를 시작할 때까지도 노트에 물음표가 남아있으면 필요한 설명을 찾느라 많은 시간을 보내야 한다. 시험공부에 대한 사전 준비 없이, 공부를 시작하고서야 많은 양의 자료를 정리하고 찾는 학생이 있는데, 절대로 안 된다!

물음표는 최대한 빨리 해결해야 한다. 브라운대의 올에이 우등생 로버트는 “모든 주제를 대강은 알아야 시험을 볼 수 있다.”라고 말한다. 다음 소개하는 네 가지 전략을 꾸준히 이용하면 이 목표를 달성할 수 있다. 불확실한 개념에 대한 강력한 방어막을 만들어, 관련 주제에 대한 설명을 완비한 상태로 시험공부에 돌입하자.

전략 1. 수업 중에 질문한다

브라운대의 워라섬은 말한다. “의심이 들면 그 부분을 확실히 알고 넘어가기 위해 수업 중에 질문한다.” 잘 이해하지 못한 주제가 있으면 손을 들고 다시 설명해 달라고 하자. 수업 중에 지우는 물음표가 많을수록, 나중에 할 일이 줄어든다.

전략 2. 수업을 마친 후 교수와 간단히 대화하는 습관을 들인다

펜실베이니아대의 제이슨은 "수업 후에 교수와 이야기하거나, 이메일로 수업 중에 생긴 질문에 대해 답을 요청한다."라고 말한다. 하나도 이상할 것 없다. 교수들은 대부분 수업이 끝나더라도 마지막 질문에 답하기 위해서 5~10분 정도 강의실에 머무른다. 이 시간을 잘 활용하자. 그런 뒤, 교수의 설명이 머릿속에서 사라지기 전에 바로 노트를 수정한다. 교수에게 잘 보이려는 학생으로 보일까? 천만에. 교수에게 잘 보이려는 학생은 질문은 커녕, 수업의 어느 부분이 마음에 들었는지, 내가 얼마나 똑똑한 생각을 했는지나 떠들 것이다. 반면 우리는 답을 필요로 하는 명확한 질문들이 있다. 정말 똑똑한 학생은 이런 질문을 함으로써 드러나기 마련이다.

전략 3. 친구에게 물어본다

하지만 아직도 석연치 않은 구석이 있으면, 다트머스대의 올에이 우등생 제임스는 "그 내용을 다른 사람에게 물어본다."라고 한다. 친구에게 이메일을 보내거나 수업 직후 강의실에서 물어본다. 내용을 이해했고 아직 머릿속에 주제가 선명하게 남아 있다면, 친구도 몇 분 안에 충분히 내용을 설명해 줄 것이다.

전략 4. 시험 대비 질의응답 시간을 활용한다

많은 과목이 시험 한 주 전에 공식적인 질의응답 시간을 갖는다. 반드시 참석하자. 강의실로 가기 전에, 물음표가 지워지지 않은 석연치 않은 주제를 미리 적어간다. 그리고 이 시간 동안 반드시 해결한다. 논의가 길어질 것을 두려워하지 말자. 사실 이 시간에 질문하는 학생은 별로 없기 때문에, 교수나 조교는 질문거리를 준비해 오는 학생을 반가워한다. 그럼에도 불구하고, 물음표가 남았다면? 그냥 한 번 쭉 훑어보자. 이즈음이면 물음표가 붙어 있는 부분을 꼼꼼하게 살펴볼 여유가 없다. 구체적으로 살펴보더라도, 지나친 시간 낭비이다(올에이 우등생의 사전에 오래 공부하기란 없다!). 이 부분은 대략적으로 써낼 수 있을 정도로만 자료를 훑자.

혹시, 해결하지 못한 부분이 시험에 나오더라도 절대 답안을 비워둬서는 안 된다. 무엇이든 써야 한다. 물론, 이런 상황을 최소로 줄이려면, 앞서 이야기한 네 가지 전략을 본격적인 시험공부를 시작하기 전에 끝내야 한다.

6단계 / A+ 받는 답안 작성법

마지막 단계는 실제로 시험을 치르는 일이다. 시험공부만 중요하다고 생각하면 오산이다. 대부분의 학생이 시험을 공부한 것을 증명하는 일로 생각하는데, 사실 시험 준비를 잘하고도 시험 보는 기술이 부족해서 시험을 망치는 학생도 종종 있다. 시험을 치르는 동안 일어날 만한 곤란한 상황이야 수없이 많지만, 흔히 시간이 부족하거나, 구체적으로 답을 기술하면서도 문제에서 묻는 바를 빠짐없이 답하지 못하는 것들이다.

이 두 가지 문제는 놀랍도록 균형을 이루며 동시에 작용하므로, 해결하기가 쉽지 않다. 문제를 푸는 데 지나치게 많은 시간을 할애하지 않으려고 하면 답의 완결성이 떨어지고, 구체적이고 세세한 부분까지 다루면 시간이 부족하다. 골치 아픈 상황이다. 그러나 올바른 전략을 사용하면, 그동안 준비한 것들을 오롯이 성적에 반영할 수 있다.

그렇다면 이런 점을 간파한 올에이 우등생들은 어떻게 시험을 치를까? 시험공부 이상의 단계에 대한 이 질문에 올에이 우등생들은 아주 구체적으로 답을 했다. 이들은 매우 진지하게 시험에 임하고, 이런 함정에 빠지지 않도록 주의를 기울여 꾸준히 좋은 결과를 얻었다. 이들의 응답을 통해 크게 다섯 가지 핵심 전략을 세웠다. 더불어, 그들은 시험 결과를 최고로 끌어올렸던 경험을 바탕으로 고안한, 시험의 시작부터 마무리까지의 전체적인 문제 풀이 시스템을 공개했다. 매 시험에서 이 규칙을 따른다면, 우리도 침착하고 자신감 넘치며, 더없이 유능한 시험의 고수가 될 수 있을 것이다.

문제부터 훑어본다

"항상 시험지 전체를 한 번 훑어보는 것으로 시작한다." 브라운대의 로버트의 말이다. 좋은 방법이다. 어떤 시험에서든지 제일 먼저 할 일은 문제를 처음부터 끝까지 한 번 읽어보는 것이다. 서술형 답안을 요구하는 시험이나, 한 문제에 여러 문제가 딸린 이공계 과목 시험에서는 각 문제를 자세히 읽어본다. 선다형 시험이나 문제가 많은 시험에서는 문제지를 빠르게 대략 훑어보고, 무엇을 다루는 문제들이 출제되었는지를 파악한다. 이렇게 시험지를 훑어보면 앞으로 풀어야 할 문제의 양과 문제마다의 상대적인 난이도를 대략 알 수 있다.

그리고 이렇게 해두면 앞으로 답할 내용을 머릿속에 그려 볼 수 있다. 다트머스대의 아나는 "늘 문제를 처음부터 끝까지 훑어보는 것부터 시작한다. 그러면 문제를 풀면서 다음 문제를 대비할 수 있다."라고 말한다. 다시 말하면, 앞에 나오는 문제들을 푸는 동안 두뇌의 다른 부분을 작동시켜 앞으로 나올 주제와 그 관련된 정보를 검색하기 시작하는 것이다. 이런 일은 실제로 가능하며, 다음 문제를 신속히 처리하게 한다. 그리고 훑어보기는 궁극적으로, 시험 직전에 극도로 올라간 스트레스를 완화시키고, 숨을 고르는 데 도움이 된다.

이제 성패가 좌우된다. 그동안 들인 노력이 사실은 이 짧은 순간을 위한 것이었다. 우리는 이 한두 시간 내에 실력을 증명하고, 최종 성적을 획득한다.

사실 시험을 치르며 많은 학생이 스스로 질문하기 시작한다. '필요한 부분을 모두 공부했는가? 중요한 부분을 놓치지는 않았는가? 전혀 모르는 부분에서 문제가 나오면 어떻게 할 것인가? 답을 쓰지 못하면 어떻게 할 것인가?' 질문하며 진땀을 흘린다. 그러나 시험 시작 후 바로 차분하게 문제들을 살펴보는 것만으로도 쌓이는 긴장감을 해소할 수 있으며, 문제에 대한 답을 쓰지 않으면서도 생산적인 결과를 낼 수 있다. 앞으로 무엇을 해야 할지 감을 잡으면 시험은 덜 사악한 것이 된다. 질문을 살펴보았으니, 불가능한 일이 없어 보인다(부디!). 말해 보자. "그다지 나쁘지 않아." 이제 자신감이 생기고 심장 박동이 느려지며, 스트레스가 사라지기 시작한다. 이제 문제에만 집중해서 잘 정리된 답안을 쓸 수 있을 것 같다!

예상 시간을 계획한다

시험 중에는 항상 지금 푸는 문제에 들일 수 있는 시간을 알아야 한다. 하버드대의 도리스는 "각 문제에 매우 엄격하게 시간을 배분한다."라고 말한다. 이 전략은 시험을 치르는 동안, 한 문제에만 너무 오래 매달려 시간이 부족해지는 상황을 대비하고, 현재의 문제에만 집중하기 위한 것이다. 시험 중에 시간을 분명히 인식하기 위한 열쇠는 각 문제를 푸는 데 걸리는 시간을 예상해서 계획하는 것이다. 먼저, 주어진 전체 시간에서 10분을 제한다. 그리고 남은 시간을 문항 수로 나누자. 이제 각 문제에 들일 수 있는 시간이 나왔다.

그렇다면 이 결과를 어떻게 이용할 것인가? 문항 수가 적은 시험이라면 시험지마다, 시작하고 마칠 시간을 적는다. 문항 수가 많은 시험이라면 전체 문항을 네 부분으로 나누어서, 각 부분에 시작하고 마칠 시간을 적는다. 이렇게 하면 현재 진행 상황과 계획한 시간의 격차를 수시로 확인할 수 있다.

처음에 10분을 제하는 이유는 검토를 위해서이다. 문제를 다 풀었다면, 이 10분 안에 답안을 옳게 작성했는지 살피고, 부실하게 작성한 부분이 있다면 보완한다.

쉬운 문제부터 푼다

올에이 우등생들은 절대 문제를 번호순으로 풀지 않는다. 성적이 좋은 학생들이 수년 동안 나름대로 실험해 본 결과, 시험에서 가장 효율적으로 문제를 푸는 방식은 '난이도순으로' 푸는 것이었다. 우리도 그래야 한다. 접근하기 어려운 문제가 아니라 접근하기 쉬운 문제부터 시작하자. 시험지를 앞뒤로 왔다갔다해야 하지만, 사실 시험지에 나오는 문항의 순서는 중요하지 않다. 이 접근법의 장점은, 가장 잘 아는 문제에 에너지를 쏟아 많은 점수를 획득하고, 어려운 문제는 집중해서 풀 수 있다는 것이다. 다트머스대의 라이언은 "바로 이해되지 않는 문제는 일단 건너뛴다. 잘 아는 문제부터 풀다 보면, 기억의 어떤 부분이 건드려져 이해되지 않는 문제의 힌트를 얻을 수도 있다."라고 말한다.

시험 초반부터 어려운 문제와 맞닥뜨리면 본능적으로 위기감이 든다. 풀어야 할 문제는 많고, 걸림돌 같은 문제를 멍하니 쳐다보자니 시간이 째깍째깍 흐르는 게 느껴진다. 쉬운 문제부터 풀어 최대한 점수를 확보하려면 집중해야 하는데, 쉽지가 않다. 이럴 때는 이 걸림돌 같은 문제를 시험의 마지막 부분으로 치워 버리자. 상황이 조금 나아질 것이다. 문제를 다 풀고 나면, 이 까다로운 문제를 해결할 만한 마음의 여유가 생긴다. 혹은, 정답까지는 아니더라도, 어느 정도 일리 있는 답이 생각날 수도 있다. 준비한 것으로써는 최선의 결과를 기대해도 좋다.

서술형 답안은 개요를 작성한다

서술형 문제는 바로 답안을 작성하지 말고 일단 생각을 정리한다. 바로 답안을 작성하면 내용을 두서없이 쓰거나, 반드시 언급해야 할 부분을 빠뜨릴 수 있다. 간단히 개요부터 작성하자. 시간 낭비처럼 보이지만, 정말 중요한 단계이다.

먼저, 문제를 주의 깊게 반복해서 읽는다. 브라운대의 매슈는

"서술형 문제 하나에는 더 작은 개념을 다루는 서너 개의 하위 문제가 포함된 경우가 많다."라고 말한다. 문제에 담긴 하위 질문에 각각 밑줄을 긋자. 그러면 개요 작성도 수월해지고, 각 하위 문제를 빠짐없이 다룰 수 있다. 매슈는 "그런 후, 이 하위 질문들에 대해 아는 바를 어떻게 전개할 것인지 종이에(머릿속이 아니라) 개요를 작성한다."라고 덧붙인다. 그러려면 시험지의 여백에 질문과 관련한 모든 사항을 적어야 한다. 시간과 공간을 아끼려면 간단한 주제어만 적어 둘 수도 있다. 예를 들어, 인종 문제에 관한 린든 존슨의 관점을 다룬, 로버트 카로의 이야기를 쓰고 싶으면, 여백에 '카로-인종'이라고 적는다.

그런 다음, 다시 질문으로 돌아가 처음에 밑줄 쳐 놓았던 하위 질문들을 확인하고, 여백에 적은 것들과 적절히 이어지는지 살핀다. 답안을 작성하기 충분하다는 확신이 들면 작성할 순서로 각 항목에 번호를 매긴다.

이제 답안을 작성할 차례이다. 개요를 따라가면 순조롭게 답안을 쓸 수 있다. 하위 질문을 만족시키는 충실하고 견고한 답안을 신속하게 작성하면 된다.

◎ 검토한다

다트머스대의 크리스는 "마지막에는 항상 답을 점검한다."라고 말한다. 문제를 다 푼 뒤 여유가 된다면(정말 다행스럽게도), 크리스의 조언대로 앞으로 돌아가 작성한 답안을 검토하자. 검토하다 보면 놀랍게도 공식이 틀렸거나, 개념이 어긋난 문제가 제법 나온다. 수정하고도 시간이 남으면 다시 한번 전체적으로 검토한다. 불안한 문제는 이 시간에 조금 더 세밀히 답을 수정하고, 서술형 답안에 새로운 구절이나 사실을 첨가한다. 수학 문제의 답안에 풀이 과정을 삽입해야 한다면, 주저 없이 화살표나 삽입 기호를 사용한다. 시험에서 얼마나 깔끔하게 답안을 작성했는가는 중요치 않다. 중요한 것은 답안에 적은 내용이다.

완벽한 답안을 작성했다는 생각이 들면, 긴장을 풀거나, 의연하게 강의실 앞으로 걸어 나가 제일 먼저 시험지를 제출하고 싶어질지 모른다. 그러나 친구들이 보낼 동경의 눈길에 연연하지 말자. 그럴 필요 없다. 마지막 순간까지 반복해서 답안을 꼼꼼히 검토하라. 평균 이상의 학생이 아니라 시험의 스타가 될 수 있다.

사례 탐구를 통한 퀴즈/시험 올에이 전략 배우기

이제 PART2에 설명한 단계들이 실제로 어떻게 적용될지 살펴보자. 여기서는 가상의 인물을 통한 두 가지 현실적인 사례 탐구로 이야기할 것이다. 이 사례에 나오는 두 학생은 두 가지 일을 한꺼번에 해결해야 하는 난감한 상황에 처해 있다. 예를 들어, 줄리는 중간고사가 있는 월요일에 중요한 리포트를 제출해야 한다. 즉, 주말에 두 가지를 몰아서 해결할 수 있는 형편이 아니다. 그리고 마이클은 시험 이삼일 전까지 공부에는 손도 대지 못한 상황이다.

핵심은 두 학생이 융통성 있게 올에이 우등생 전략을 적용했다는 것이다. 즉, 이 사례 탐구에서 배워야 할 점은 융통성이다. 학습 전략은 개개인의 상황에 알맞게 적용했을 때만 쓸모가 있다. 두 학생은 밤샘 없이 며칠 동안 하루 한두 시간씩만 들여, 원래 계획한 일과를 변경하지 않고 시험공부 시간을 마련한다.

사례 탐구 1. 줄리의 역사학 시험

줄리가 수강하는 역사학 시험의 최종 학점은 중간고사, 기말고사, 리포트 점수를 합산해 나온다. 따라서 다가오는 중간고사는 매우 중요하다. 이제부터 이야기할 줄리의 시험공부 절차를 살펴보면서, 최상의 결과를 얻기 위해 학습량을 배분하고 계획하는 법을 알아보자.

월요일–중간고사 2주 전

수업이 시작되자, 교수가 중간고사에 대해 간략하게 언급한다. 줄리는 이때를 놓칠세라 손을 들고 시험의 범위와 형식에 관해 질문한다. 교수는 다음과 같은 정보를 준다.

- 시험은 주로 서술형 문제들로 이루어진다. 주제가 광범위하지만, 읽기 자료들을 읽어 보면 도움이 될 것이다.
- 수업 시간에 다루었던 역사적 사건들의 연대기를 다루는 문제가 나올 것이다. 제시된 사건들을 시간순으로 나열할 줄 알아야 한다.

줄리는 시험에 대한 감을 잡았으므로 시험공부의 대략적인 일정을 잡을 수 있다. 그런데 문제는 같은 날, 다른 수업에 중요한 리포트를 제출해야 한다는 것이다! 시험 바로 전 주말에 일정을 빠듯하게 세울 수 없으며(대부분의 학생이 그렇게 하곤 하지만), 시험공부 대비책을 마련하는 것이 급선무다.

줄리는 돌아오는 주말부터 시험공부를 시작하기로 한다(시험보다 일주일 이상 앞선 일정이다). 구체적으로 이번 주말에는 시험공부에 쓸 자료를 정리할 계획인데, 오래 걸리지 않을 것이다. 본격적인 시험공부는 주중에 시작한다. 물론, 다른 일정에 영향이 가지 않도록 공부할 분량을 분산시켜 놓을 것이다. 이렇게 하지 않고서는 달리 시간을 벌 도리가 없다. 특히 시험을 앞둔 토요일과 일요일에는 다른 일정을 잡지 않는다는 것이 중요하다. 주말에는 리포트를 작성할 것이다.

이 계획을 실행하기 위해, 줄리는 PART1의 시간 관리법에 따라 날짜마다 해야 할 일을 캘린더에 구체적으로 적는다. 이렇게 하면 심리적인 부담을 크게 덜 수 있다. 대부분의 학생은 시험 전 일주일 이상을 정말로 공부를 하긴 할지, 남은 시간은 충분한지 고민에 고민을 거듭한다. 하지만 줄리는 이런 고민을 하지 않는다. 이제 남은 일은 매일 아침 캘린더를 확인하고, 그날 하도록 기록된 내용을 일정에 집어넣는 일이다.

토요일–중간고사 9일 전

줄리는 바쁘다. 평소와 다름없이 월요일에 끝내야 할 과제도 많고 저녁에는 친구들도 만나야 한다. 이번 주말의 목표는 역사학 시험공부에 쓸 자료를 정리하는 것이다. 다행히 심오하게 고민하며 할 일은 아니다(줄리는 이틀간 조금이라도 쉬고 싶다). 캘린더를 들여다본다. 오늘은 시험에 관련된 필기 내용을 출력하고, 연대기 암기용 플래시 카드를 만들면 된다. 내일은 필기 노트에 넣을 연습 퀴즈를 만들 것이다.

먼저, 줄리는 점심시간 전 한 시간을 빼서 수업과 읽기 자료에 필기했던 내용의 절반을 출력하고 파일에 정리한다. 그리고 친구들과 점심을 먹은 후, 오후에는 30분 동안 암기용 플래시 카드를 만든다. 다행히 수업 시간에 다룬 주요 사건들이 교재에 나와 있다. 물론, 다른 읽기 자료에 대부분의 사건들이 훨씬 더 구체적으로 나와 있기는 하지만, 사건의 간략한 목록(각각의 날짜들과 함께)만을 만드는 데는 교재만 훑어봐도 충분하다. 교재를 보며 카드의 한 면에는 주요 사건의 명칭을, 다른 한 면에는 날짜를 적는다.

일요일–중간고사 8일 전

오전에 잠이 덜 깬 줄리는(신나는 토요일 밤을 보냈으므로) 침대에서 몸을 일으켜 노트북과 필기 자료, 커피 한잔을 들고 좋아하는 비밀 장소로 간다. 일요일 오전은 이른 시각이므로(적어도 평범한 대학생의 일정에 따르면) 도서관은 한적하다. 공부하기 딱이다!

줄리는 자리를 잡고, 본격적으로 출력한 내용을 주제별로 나누어 여러 개의 파일에 나누어 넣는다. 물론 그중에는 여러 주제가 한번에 적힌 경우도 있다. 하지만 괜찮다. 이 파일들은 대강의 정리를 위한 것일 뿐이다. 그 이상도 그 이하도 아니다. 여섯 개로 정리된 묶음은 중간고사 준비용 스터디 가이드로 쓸 것이다.

그런 뒤 첫 번째 묶음의 자료를 살펴보면서 퀴즈에 사용할 질문들을 노트북에 입력한다. 노트에서 질문을 바로 옮겨 적기도 하고, 노트를 살펴보다가 여러 개의 작은 요점을 포함하는, 보다 일반적인 질문을 입력하기도 한다. 질문을 만들거나 선택할 때, 필기 안에 담긴 요점을 모두 포함하기만 하면 된다. 한 시간 반 후, 줄리는 여섯 개의 묶음 중 세 개 묶음에 대한 질문 만들기를 마친다. 점심을 먹고 오후 늦게 돌아온 줄리는 두 시간을 더 들여 퀴즈에 사용할 질문을 모두 만든다. 이렇게 질문 만들기를 끝낸 뒤, 내용을 인쇄해서 해당하는 묶음에 붙인다.

줄리가 오늘 한 일은 자료 정리가 다였지만, 퀴즈에 쓸 질문을 만들면서 관련된 내용을 전부 대략 살펴볼 수 있었다. 이것은 필요한 정보를 자기 것으로 만드는 첫 번째 단계이다.

월요일부터 금요일까지–중간고사 1주 전

월요일. 이제 진짜 공부를 시작한다. 캘린더에 적힌 대로, 줄리는 두 시간 동안 두 개의 퀴즈를 푼다. 이 작업은 기숙사 방을 걸어다니면서, 가상의 학생들에게 강의하듯 이루어진다(물론, 줄리는 룸메이트들이 방을 나선 후에 소리 내서 하는 퀴즈 풀이를 시작했다). 화요일. 45분 동안 플래시 카드로 연대기를 암기한다. 수요일. 두 시간 동안 다음 퀴즈 두 개를 푼다. 목요일. 한 시간 동안 플래시 카드로 연대기를 암기한다. 그리고 금요일에는 두 시간 동안 마지막 남은 퀴즈 두 개를 푼다.

이렇게 퀴즈를 풀며, '시험재해보험'의 조언에 따라, 노트에 그려진 물음표를 거의 지웠다. 그러나 아직 만족스러울 만큼 해결하지 못한 문제가 몇 개 남아 있다. 줄리는 이 주제들을 따로 적어두고 다음에 해결하기로 한다.

토요일–중간고사 2일 전

주말 전에 시험공부를 마치려고 했지만, 예상보다 주중에 시간이 빠듯해 아직도 공부할 부분이 조금 남았다. 월요일까지 리포트를 제출해야 하므로, 오늘은 많아야 한 시간 정도밖에 여유가 없을 것 같다. 줄리는 시험재해보험을 쓰기로 하고, 아직 말끔히 답을 찾지 못한 문제를 골라 친구에게 이메일을 보낸다. 그리고 저녁 무렵, 친구는 아는 선에서 최대한 구체적으로 답을 써서 보내 주었다. 그다지 만족스럽지 못한 답도 있지만, 적어도 이 문제들에 대해 쓸 말은 생겼다.

월요일-중간고사 당일

주말 내내, 친구들이 시험공부에 매달리는 동안, 줄리는 간단한 이메일을 보낸 것 외에는 온종일 리포트에 집중했다. 그리고 드디어 중간고사 당일이다. 그래도 줄리는 심각하게 공부할 계획이 없다. 아침에 플래시 카드를 무작위로 섞어 가며 한두 번 암기한 내용을 훑어보았고, 확인 차원에서 퀴즈에서 임의로 고른 여섯 개의 문제에 답해 보았을 뿐이다. 이제 준비 완료.

시험을 치를 차례이다. 줄리는 할 일을 정확히 안다. 먼저 연대기 문제들을 공략해서 역사적 사건들을 신속하게 시간순으로 나열해 답을 쓴다. 플래시 카드를 사용하길 잘했다. 그리고 다음에 나오는 네 개의 서술형 문제를 살펴보고는 예상 시간을 계획해, 난이도 순으로 문제를 푼다. 퀴즈로 철저히 시험을 준비한 덕분에, 여러 자료를 근거로 삼은 훌륭한 답을 작성했다. 줄리는 묻고-답하기를 통해 내용을 충분히 소화하였기에 노트에 적어 둔 논지를 토씨 하나

틀리지 않고 그대로 기억했으며, 서술형 답안을 쓸 때는 개요를 작성해 최대한 많은 정보를 모아 답안에 필요한 주제를 다뤘다.

결과

줄리는 연대기 부분에서 탁월한 실력을 발휘했고, 각각의 서술형 문제도 구체적으로 완결한 답안을 작성했다. 학점은 당연히 A를 받았다. 하지만 줄리는 전혀 놀라지 않는다. 나중에 친구들이 주말을 몽땅 '공부'에 바치고도 B밖에 받지 못했다고 불평했을 때, 차마 주말에 한 시간, 주중에 두어 시간씩만 공부했을 뿐이라고 이야기할 수는 없었다.

사례 탐구 2. 마이클의 미적분학 시험

마이클은 미적분학을 수강하고 있지만, 사실 좋아하는 과목은 아니다. 대부분의 대학과 마찬가지로 필수과목이기 때문에 수강할 뿐이다. 이 과목의 최종 성적은 세 번의 시험과 여러 개의 연습문제 풀이를 합산해 나온다. 마이클이 조금 부족하게 타고난 수학 계산 능력을 극복하고, 큰 고통 없이 좋은 성적을 내기 위해 어떻게 우리의 시스템을 이용하는지 살펴보자.

월요일–시험 4일 전

그렇다. 총 세 번의 시험 중 첫 번째 시험이 이제 한 주도 안 남았다. 이쯤 줄리는 이미 원활하게 시험을 준비하는 중이었다. 하지만 여기서 세 가지를 기억해야 한다.

첫째, 마이클의 시험은 줄리의 중간고사만큼 비중이 크지 않다. 전체에서 3분의 1만이 시험 범위며, 앞으로 남은 두 개의 시험과 연습문제 풀이를 토대로 최종 성적이 결정될 것이다.

둘째, 때때로(아니, 아주 흔하게) 사람들은 시험이 코앞에 다가왔다는 사실을 잊어버린다. 물론 PART1의 조언을 따르면 이런 일은 일어나지 않겠지만, 우리의 시스템에 제약이 있는 상황에는 어떻게 적용되는지도 살펴봐야 한다. 마지막으로, 줄리는 중간고사가 있는 날 리포트를 제출해야 했던 탓에 공부할 분량을 더 신중하게 분산시켜 놓아야 했지만, 수학 교수들은 빈틈없는 사람들이다. 마이클의 시험 범위는 이미 강의 계획서에 표시되어 있다. 구체적으로 시험 범위는 지난 금요일까지 다룬 내용에 한하며, 그날은 교수가 가장 최근의 연습문제 과제를 채점해서 돌려준 날이기도 하다. 즉, 시험이 코앞이라는 사실은 마이클에게 커다란 부담이다.

하지만 마이클은 우리의 시스템을 통해 부담을 날려 버릴 것이다. 마이클은 지금 해야 할 일이 자료 정리라는 것을 안다. 오늘 밤에 말이다. 그 과정은 다음과 같다.

며칠 후에 있을 시험은 학기 시작 후 4주간 배운 내용을 다루므로, 매주 제출해 채점된 연습문제 네 개로 문제은행을 만들 것이다. 강의 노트에서 예제들을 뽑아 채점된 연습문제에 첨부하는 것이 자료 정리의 첫 단계이다.

3단계에서 언급한 전략에 따라 4주 동안의 수업에서 나왔던 예제를 적기 위해 빈 종이 넉 장을 준비한다. 그리고 노트를 살펴보며 강의 노트에 있는 예제를 빈 종이에 각각 옮겨 적는다. 여기서 주의할 점은 각 문제에는 그 문제를 다뤘던 날짜를 함께 기록하는 것이다. 이렇게 하면 검토할 때 문제의 답을 확인하기가 쉽다. 마지막으로, 예제를 적은 넉 장의 종이를 각각 해당하는 연습문제 풀이에 첨부한다. 이렇게 해서 채점된 연습문제 풀이와 예제로 구성된 네 개의 문제은행이 완성되었다.

자료 정리의 마지막 단계는 논리 전개 문제를 만드는 일이다. 첫 주 수업에서 단일변수 도함수를 다뤘으므로 첫 번째 문제은행에 '도함수의 정의와 대상을 설명하고, 함수가 주어졌을 때의 일반적인 계산 과정을 설명하라.'와 같은 일반적인 질문을 추가한다.

이런 논리 전개 문제는 매우 중요하다. 이런 문제를 준비해 두지 않으면 문제를 해결하는 근본적인 방법을 숙지하지 않고, 특정 문제만을 암기하게 되는 위험을 감수해야 한다. 그러면 시험에 새로운 문제가 나오면 어려움을 겪게 된다.

4주 범위의 자료만 정리하면 되므로 이 과정은 대략 한 시간 정도로 마무리된다. 자료 정리와 시험공부를 같은 날 하지 않는다는 원칙에 따라, 오늘은 여기까지만 한다.

화요일–시험 3일 전

첫 수업이 11시에 있기 때문에, 마이클은 8시 30분 정도에 일어나 시험공부를 시작한다. 오늘은 오후와 저녁에 계획된 일이 많고, 공부에 쓸 수 있는 자유 시간도 없어 아침을 제대로 활용해야 한다. 마이클에게는 최대한 많은 분량을 되도록 빨리 마친다는 원칙이 있으므로, 자연스러운 일이다. 9시경, 마이클은 한적한 학습 장소 중 한 곳인 공대의 작은 도서관에서 비교적 한산한 2층에 자리잡는다. 오트밀 한 그릇을 먹었고, 손에는 커피 한잔이 있으니 준비는 충분하다.

묻고-답하기를 할 시간이다. 마이클은 첫 번째 문제은행에 포함된 문제들을 풀어 본다. 종이 한 장에 각 문제 풀이의 중요한 단계들을 적는다. 논리 전개 문제를 풀 때는 서가를 오가며 낮은 소리로 답을 말해 본다. 첫 번째 문제은행을 한 번 쭉 풀어 보고, 10분 쉰 후 다시 돌아와 어려운 문제들만 다시 푼다. 모든 문제에 무리 없이 답할 수 있을 때까지 이 단계를 계속한다.

묻고-답하기 덕분에 효율성인 공부를 했다. 아침 동안 어려운 문제에 가장 많은 시간을 들였고, 잘 이해하고 있는 문제에는 가장 적은 시간을 들였다.

수요일–시험 2일 전

시험이 이틀이나 남았지만, 아직도 3주 분량을 더 공부해야 한다. 시간이 촉박해서, 오늘은 두 시간씩 두 번에 나누어 총 네 시간을 공부할 생각이다. 처음 두 시간은 아침에, 다음 두 시간은 오후에 계획한다. 중간에 휴식 시간이 있으므로, 문제를 풀다가 나가떨어질 일은 없다.

어제와 마찬가지로, 두 번째 문제은행 풀이를 마치는 데 처음 두 시간의 대부분이 쓰인다. 문제 풀이가 반복될수록 집중해야 할 어려운 문제는 줄어든다. 오후 두 시간 동안은 세 번째 문제은행 풀이를 모두 마쳤다. 사실 세 번째 문제은행은 최근에 다룬 내용이어서, 끝내는 데 한 시간 반밖에 안 걸렸다. 시간이 조금 더 남았지만, 오늘은 여기까지만 한다. 오늘 하려던 일은 모두 마쳤다.

목요일–시험 1일 전

내일이 시험이지만 기분이 좋다. 묻고-답하기로 이미 시험 범위의 4분의 3을 공부했다. 같은 수업을 듣는 친구들은 시험공부를 위해 오늘 하루를 통째로(물론 밤까지도) 비워 둔 반면, 마이클은 아침에 두어 시간만 시험공부에 쓸 예정이다.

마지막 문제은행을 푸는 데는 한 시간 남짓이 걸렸고(바로 지난주에 배운 내용이므로 아직은 머릿속에 잘 저장되어 있다!), 남은 시간에는 강의 노트를 살펴보며 수업 시간에 주의를 기울이지 않아서 물음표가 그려진 문제들에 대한 답을 찾아보려고 한다. 각 질문에는 다음과 같은 메모를 덧붙여 혼동되는 부분을 정리할 참이다. '05/9/28 자 강의 노트 문제 풀이 과정 중 네 번째 단계 이해 안 됨.' 그리고 같은 수업을 듣는 친구(수학에 더 소질이 있는 친구)에게 그 부분을 해결하러 잠깐 들러도 괜찮은지 이메일로 묻는다. 그래도 좋다는 답이 온다.

그날 밤, 마이클은 친구의 기숙사 방을 찾아간다. 당연히 친구는 충혈된 눈으로 노트 더미에 둘러싸여 있다. 이 상황은 분명히 밤새 계속될 것이다. 마이클은 친구에게 이해되지 않는 부분에 대해 물으며 답을 찾는다. 친구는 시험공부가 정말 끔찍하다고 불평하고, 마이클은 동의한다며 고개를 끄덕인다—오늘 아침 이후로 미적분학 교재를 들춘 적도 없고, 남은 시간에도 그럴 일이 없다는 건 우정을 위해 이야기하지 않기로 한다.

금요일—시험일

모의시험 자료가 있었다면, 아침에 충분히 쉬고 자신감 있는 상태로 시험공부 중 놓친 부분을 점검할 시간을 보냈을 것이다. 그러나 마이클에게는 모의시험 자료가 없다. 그래서 나름대로 시험 문제를 만들어 본다. 마지막 검토라 생각하며, 아침 시간 중 45분을 비워, 어젯밤 친구에게 물어본 부분을 소리 내어 설명해 본다. 그러고 나서 문제은행 중 가장 어려운 문제 몇 개를 다시 살펴본다. 이제 수월하게 풀린다. 자신감이 생기고 마음이 진정된다. 좋다. 이제 준비되었다.

시험지가 배부되자, 마이클은 문제를 쭉 훑어본다. 마이클은 어떻게 문제를 풀지 알고 있다. 먼저 난이도별로 문제를 분류하고, 쉬운 문제부터 견고하게 답을 작성해 나간다. 이제 몇 안 되는 어려운 문제들만 남았고, 시간은 정해져 있다. 첫 번째 어려운 문제부터 풀기 시작한다. 녹록지 않다. 답을 찾기가 쉽지 않다. 시간이 흐른다. 두려운 기운이 몰려와 집중력을 갉아먹는 듯하다.

한 걸음 물러서야겠다. 숨을 크게 들이마신다. 여섯 번째 전략대로 이 문제를 건너뛰고 다음 문제를 공략한다. 그럭저럭 괜찮은 답을 써낸다. 월등하지는 않지만, 중요한 풀이 방법 정도는 알고 있다는 게 드러날 것이다. 이제 남은 5분 동안 풀지 못한 문제에 운명을 걸어야 한다. 다시 봐도 어렵기는 마찬가지다. 여전히 이 문제를 어떻게 풀어야 할지 모르겠다. 그러나 마지막 문제이므로 부담은 덜하다. 정말 아무것도 생각나지 않아 답을 쓸 수 없다고 해도, 이 문제 하나만 망치면 된다. 그다지 나쁘지 않다.

상황에 대한 부담이 덜어지자, 곧 어떻게 풀어야 할지 어렴풋이 생각이 난다. 남은 몇 분 동안 마이클은 신중하게 풀이를 위한 합리적인 몇 단계를 적어 본다. 당연히 답안을 마무리하지 못했고 내용도 완벽하지 않지만, 마이클은 최선을 다했다.

결과

종종 그렇듯, 나에게 어려운 문제는 다른 사람에게도 어렵다. 중요한 건, 이런 부담스러운 상황에서 초연해질 방법(시험 치르기 전략)을 아는 일이다. 지독히 어려운 문제를 만나 실망하기 시작하면 속수무책으로 시간을 버리게 되고, 피할 수 없는 실수를 저지르게 된다. 반면, 마이클은 아는 문제를 다 풀고, 어려운 문제는 어느 정도 풀었다. 시험이 까다로운 편이었기 때문에 마이클의 성적은 높은 축에 속했다. A를 받았다.

이 사례 탐구의 교훈은, 내가 풀지 못한 문제는 남도 풀지 못할 가능성이 크다는 것이다. 이공계 과목의 시험은 성적을 받기 전까지는 결과를 예측할 수 없다. 그러므로 90점부터 100점까지는 A를 받고, 80점부터 89점까지는 B를 받는다는 식의 고등학교에서의 사고방식은 버려야 한다. 이공계 과목은 상대 평가인 경우가 많아, 상위 15%의 학생들은 A를 받고(점수와 상관없이), 그다음 20%는 B를 받는 식이다. 예를 들어, 나는 100점 만점에서, 평균 점수가 50점 정도여서 65점으로 A를 받기도 했고, 정답률 0%인 문제가 시험에 나오거나, 25점짜리 문제를 공백으로 남겼는데 A를 받은 적도 있다. 이공계 과목에서는 무엇도 예상할 수 없다.

이 상황은 한마디로 요약할 수 있다. 침착하자. 마이클은 난이도별로 문제를 분류하고, 어려운 문제는 건너뛰는 기지를 발휘했다. 목표는 가능한 한 높은 점수를 받는 것이지, 만점을 받는 게 아니다. 그리고 결과는 훌륭했다.

1단계. 수업 시간에 쓸모 있게 필기하는 법

- 수업에 빠짐없이 출석하고 최대한 충실하게 필기한다.
- 인문계 과목은 질문/근거/결론의 형식으로 필기하여 핵심 개념을 잡아낸다.
- 이공계 과목은 예제 풀이와 정답을 최대한 많이 기록한다.

2단계. 효율적으로 과제를 해결하는 법

- 매일 조금씩 과제를 해 나감으로써 시험 전 증후군의 고통에서 벗어난다.
- 강의 계획표를 확인하고, 주교재만 자세히 읽는다. 보조 자료는 다음과 같이 우선순위를 정해 읽는다.
  - 논지를 구성하는 자료
  - 사건이나 인물에 대해 설명하는 자료
  - 전후 맥락에 대한 정보가 되는 자료(예: 연설문, 신문 기사)
- 연습문제 풀이는 스터디 그룹을 만들어서 하고, 일과 중에 끊임없이 답을 고민하며, 제출용 답안은 한번에 깨끗하게 적는다.

3단계. 지혜롭게 자료를 정리하는 법

- 시험에서 다루어질 내용에 관해 정확한 정보를 얻는다.
- 인문계 과목은 필기한 내용을 모아서 스터디 가이드를 만든다.
- 이공계 과목은 문제은행을 만들어 사용한다.

4단계. 정리한 자료를 정복하는 법

- '묻고-답하기' 방법을 이용한다. 시험공부 방법에서 유일하게 효율적인 방법이다.
- 암기는 여러 날에 나누어서 한다. 분량을 나누면 더 많이 암기할 수 있다.

5단계. 사악한 시험 문제에서 빠져나가는 법: 시험재해보험

- 수업 시간이나 읽기 과제 중 이해하지 못한 부분에 붙였던 물음표를 없앤다.

6단계. A+ 받는 답안 작성법

- 시험지 전체를 한 번 훑어본다.
- 각 문제에 쓸 수 있는 시간을 파악한다(맨 마지막에 10분을 남겨 둔다).
- 쉬운 문제부터 푼다.
- 서술형 문제를 풀 때는 간략히 개요를 짠다.
- 남은 시간 전부를 답안을 반복해서 재검토하는 데 사용한다.

PART 3

올에이 우등생들의 A+ 리포트 작성 전략

"써지겠지, 하는 마음으로
텅 빈 모니터 앞에 앉아 무작정 쓰기 시작해서는
무엇도 쓸 수 없다."

- 아나, 올에이 우등생 -

글쓰기 과제는 어렵다. 그렇다고 피할 수 있는 일도 아니다. 대학에서 요구하는 수준의 리포트를 쓰려면, 많은 자료를 샅샅이 살피고 주제를 파악하여 논지를 구성한 후, 이 노력의 결과를 명료하고 설득력 있는 문장으로 정리해야 한다. 즉, 좋은 글을 위한 깊이 있는 사고와 충분한 시간이 필요하다.

더욱이 이 사고 과정은 단순한 방법론으로 요약할 수 있는 대상이 아니다. 고등학교에는 어떤 글이든 제법 잘 쓸 수 있는 깔끔하고 정돈된 형식이 있었다. 도입부에 논제를 언급하고, 이어 논제를 뒷받침하는 단락을 구성하고, 각 단락마다 근거를 제시하는 식으로 말이다. 아, 옛날이여! 그러나 안타깝게도 대학에서는 이런 방법을 더는 사용하지 않는다.

대학에서 요구하는 수준의 글을 쓰기 위한 사고 과정은 훨씬 복잡하다. 예를 들어, 인류학 리포트 쓰기 방식은 역사학 리포트 쓰기에 전혀 들어맞지 않으며, 어떤 과목에서는 근거를 하나씩 드러내는 방법이 적절하지만, 어떤 과목에서는 다양한 근거를 하나로 통합해서 드러내는 방법이 더 적절할 수도 있다. 과제들은 늘 새로우며, 많은 노력과 정성을 들여야 한다. 그러나 희망은 있다! 리포트와 리포트를 포함한 글쓰기가 누구에게나 어려운 일은 아니다. 개별적인 세 가지 요소로 이루어지는 글쓰기 과제 수행 과정을 살펴보자.

확립된 기존의 논지들을 꼼꼼하게 살펴본다.

자신만의 논지를 세운다.

논지를 명확하게 전달한다.

많은 학생이 글을 쓸 때, 이 세 가지의 작업을 분리하지 않고 진행한다. 한꺼번에, 버겁게 말이다. 컴퓨터 앞에 자료를 쌓아 놓고, 논지 전개 방향을 설정하지도 않은 채 일단 쓰기 시작한다.

논지가 막히면 자료를 훑어보고, 쓸 만한 인용구가 나오면 쓰던 글에 삽입해 새로운 방향으로 논지를 전개해 나간다. 그러다 막히면 또다시 자료 찾기로 돌아간다. 이런 식으로 '자료를 찾고/사고하고/글로 옮기며' 한꺼번에 한 단락씩 고통스럽게 써 나가는 과정을, 느릿느릿 몇 시간을 지속한다. 말로 다 할 수 없이 힘겨운 과정이다. 앞에 설명한 글쓰기 과제 작성의 세 가지 요소는 사실 각각 부담스러운 과정이다. 이 세 가지를 한꺼번에 하자니 진이 빠지는 것이다.

그러나 올에이 우등생은 글쓰기 과제의 세 가지 요소를 개별적인 과제로 분리하며, 각 요소를 정돈되고 효율적인 체계로 해결한다. 만만치 않아 보이지만, 이들을 분리하고 각각의 체계적인 전략을 도입하면, 글쓰기 과제는 고통스럽지 않다. 스키드 모어대의 올에이 우등생 그레첸은 "효과적인 리포트 작성의 핵심은, 과정 전체를 감당할 수 있을 만큼 부분 부분 나누는 것이다."라고 조언한다.

올에이 우등생들의 리포트 작성 전략은 여덟 단계로 구성된다. 이 책에서는, 흥미 있는 주제를 찾고, 주제 안에서 흡인력 있고 설득력 있는 논제를 배치하는 법부터 다루기로 한다. 그런 다음, 자료 찾기 과정을 설명할 것이다. 자료 찾기는 리포트 작성 전략 중 가장 중요한 단계라고 해도 과언이 아니기 때문에, 많은 시간이 필요하다. 우리는 신속하게 적절한 자료를 수집하고 주석과 메모를 남기는 일련의 시스템을 살펴볼 것이다.

다음은 논지 구성 단계이다. 안타깝게도 훌륭한 논지를 만들기 위한 확실하고 간단한 방법은 없다. 그러나 구성된 논지에 대한 피드백을 수집하고, 개요 형식 안에 논지를 배치하는 데 도움이 될 전략을 소개해 이후의 과정을 순조롭게 이어가도록 할 것이다.

그다음은 드디어 본격적인 쓰기 과정이다. 여기까지 왔으면, 무엇에 대해 이야기하고 뒷받침할 것인지 정확히 판단한 상태이므로, 논지를 명료하게 드러나는 문장 작성법만 다루겠다. 즉, 길게 설명하지 않을 것이다. 본격적인 글쓰기 단계가 리포트 작성 과정에서 가장 중요한 단계라는 생각을 버릴수록, 쉽게 올에이 우등생 방식에 접근할 수 있다. 다트머스대의 올에이 우등생 아나는, "골자만 완성하면 글은 저절로 써진다."라는 말로 이 말의 요점을 대신한다.

마지막으로, 수정하는 단계를 다룰 것이다. 많은 학생이 수정하는 단계에 시간을 아낀 나머지, 학점을 깎아 먹는 실수를 저지른다. 반대로 이 단계에 너무 공을 들여 필요 이상으로 시간을 쏟는 학생도 있다. PART3에서는 이런 문제를 해결하기 위한 세 가지 구체적인 단계를 이야기할 것이다.

단계가 너무 많다고 겁먹을 필요 없다. 대부분은 주제 찾기나 선택한 논지에 대해 교수의 의견을 묻는 정도의 짧은(그리고 매우 수월한) 과정이다. 단계마다 많은 시간이 필요한 건 아니지만, 각각의 단계가 매우 중요하고, 각 단계를 어떻게 마무리할지를 계획하는 게 좋으므로 모두 개별적 단계로 구성했다.

마지막으로 한 가지 더. 모든 과제는 제각각이다. 책의 일부를 석 장 분량으로 분석하는 비평분석 리포트부터 기나긴 연구와 조사를 바탕으로 하는 50장짜리 연구조사 리포트까지 종류가 매우 다양하다. 이렇게 다양한 리포트 과제를 여기서는 두 가지로 분류하고자 한다. 연구와 조사를 바탕으로 하는 '연구조사 리포트'와 깊이 있는 사고를 바탕으로 하는 '비평분석 리포트'가 그것이다. 이제부터 두 리포트의 특성을 분석해, 가장 효율적이고 목표가 분명한 글쓰기 과정을 거칠 수 있도록 하겠다.

연구조사 리포트 vs 비평분석 리포트

리포트에는 여러 가지가 있다. 방대한 자료를 찾아야 하는 리포트가 있는가 하면, 강의 시간에 다룬 주제만 논하면 되는 리포트도 있다. 어떤 리포트는 궤양이 생길 만큼 많은 분량을 읽어야 하는가 하면, 어떤 리포트는 달랑 몇 쪽만 읽어도 된다.

여기서는 이 차이를 명확히 하기 위해, 리포트를 연구조사 리포트와 비평분석 리포트로 나눈다. 이 두 가지 리포트의 형식을 벗어나는 과제도 있지만, 보통은 크게 벗어나지 않는다. 다음은 각 리포트에 대한 설명이다.

연구조사 리포트

연구조사 리포트를 작성하기 위해서는 정해진 범위 내에서 주제를 선택하고, 주제와 관련한 독창적인 논제를 고안해야 한다. 예를 들어, '대영 제국과 관련된 것'이라는 대략의 범위 안에서 '공립학교와 대영 제국'이라는 구체적인 주제를 선택했다면, '19세기 영국 공립학교에서는 대영 제국의 필요 사항에 특화된 교과 과정을 사용했다.'를 논제로 삼을 수 있다.

연구조사 리포트는 독창적인 논제를 뒷받침하기 위한 창의적인 연구 과정이 필요하므로, 일반적으로 꽤 여유를 두고 제출일이 정해진다. 전체 과정을 적절히 분산하고, 알맞은 주제를 선택한다면, 이를 계기로 보람된 지적 모험을 경험할 수도 있다. 독창적인 논제를 제안하고, 이를 뒷받침한다는 것 자체가 흥미로운 과정이기 때문이다. 물론, 제출일이 닥쳐올 때까지 과제에 진척이 없다면 이보다 더한 악몽은 없다. 대부분의 학생은 연구조사 리포트를 작성하는 마지막 순간까지 극심한 스트레스를 겪는다. 따라서 연구조사 리포트를 작성할 때는 앞으로 이야기할 일정 관리 방법에 각별히 신경 쓰자.

비평분석 리포트

비평분석 리포트는 대부분의 교양과목 수업에서 빠짐없이 등장하는 과제이다. 이 리포트는 분량이 짧고, 읽기 과제 한두 개 정도를 분석하게 하는 경우가 많다. 예를 들면, '노들링어와 홉킨스는 미국의 고립주의에 대한 이해에 있어 어떻게 다른가?'와 같은 비교 과제가 정도가 주를 이룬다.

비평분석 리포트는 몇 가지 중요한 이유에서 연구조사 리포트와 차이가 있다. 비평분석 리포트에서는 주제가 사전에 제시되고, 과제에서 주어지는 질문 내에서 논제가 정해진다. 연구와 조사는 거의 이루어지지 않는다. 당연히 연구조사 리포트에 비해 오래 걸리지 않는다. 비평분석 리포트는 새로운 생각을 발견하고, 제시하기 위함이 아니라 수업에서 다룬 자료에 대한 학생들의 이해도를 점검하기 위한 것이다.

여기서 오해는 금물! 비평분석 리포트가 연구조사 리포트보다 쉽다는 건 아니니다. 대학에서의 리포트 작성은 자료의 범위에 따라, 사고 과정에 요구되는 정밀성이 달라진다. 이는 간단한 법칙을 따른다. 과제가 구체적일수록 더욱 예리하고 정밀한 사고 과정을 거쳐야 한다. 그러니 주의하자. 과제의 범위가 한 쳅터뿐이라면, 그 쳅터의 단어 하나하나를 전부 이해하고, 분석한 내용을 치밀하게 전개할 수 있어야 한다.

1단계 / 흥미로운 주제를 찾는 법

기억하자. 주제와 논제는 다르다. 주제는 흥미로운 '대상' 또는 '의견'을 말한다. 논제는 그 대상이나 의견에 관한 흥미롭고 구체적인 논의를 일컫는 말이다. 다음 예시를 살펴보자.

주제	논제
카스파르 프리드리히와 워싱턴 알스턴은 서로 다른 대륙에 살았음에도 불구하고, 작품상으로 흥미로운 유사점들이 있다.(의견)	이 유사점들은 프리드리히와 알스턴이 공통적으로 새뮤얼 테일러 콜리지 및 그의 초기 포스트모더니즘 철학의 선견적인 작품들과 연관성을 지닌다는 데에서 유래한다.
포크너의 초기 작품(대상)	포크너의 초기 스타일은 유럽 모더니즘의 영향을 받았다.
20세기 전반기에 경제적인 발판을 마련하지 못하고 어려움을 겪었던 다른 이민자 공동체들과 달리 뉴욕의 차이나타운은 호황을 누렸다.(의견)	이민자들이 들여온 중국 본토의 문화는 새로운 나라에 경제적인 안정을 구축하는 특정 어려움을 해결하는 데 알맞은 지원 시스템과 조직 구조를 제공했다.

언급했다시피, 비평분석 리포트를 작성할 때는 주제가 주어지기 때문에 주제를 따로 정할 필요가 없다. 그러나 연구조사 리포트를 작성할 때는 주제를 선택해야 한다. 이제부터 연구조사 리포트의 주제 선정하는 법을 집중적으로 다뤄 보겠다.

연구조사 리포트의 주제 정하기

일반적으로 교수들은 주제의 범위를 폭넓게 제시한다. 미술사 과목에서는 '지금까지 수업에서 다룬 모든 작가' 같은 주제가 나올 수 있고, 정치학 수업에서는 '경제 정책과 남아메리카' 같은 주제가 나올 수도 있다. 핵심은 과제의 범위에서 작성자가 흥미롭게 느끼는 주제를 고르는 것이다. 리포트 작성의 모든 과정은 주제에서 파생된다. 주제에서 흥미를 느끼지 못하면 리포트 작성 과정은 매우 지루해진다. 반면, 작성자가 주제에 매료되어 있거나 호기심을 느끼면 리포트 작성이 훨씬 쉬워진다.

흥미로운 주제를 찾는 가장 좋은 방법은 주제 탐색을 아주 일찍 시작하는 것이다. 하버드대의 올에이 우등생 도리스는 "제출일보다 일주일에서 한 달 전에 머릿속으로 생각하거나, 종이에 적어보면서 주제를 고민하기 시작한다."라고 말한다. 우리도 이렇게 해보자. 수업 첫날, 강의 계획표를 살피며 과제로 나올 리포트(들)에 대해 생각해 두는 것이다. 교수는 학기를 시작하면서 리포트에 대해 간략하게 언급할 것이다.

일단 주제의 범위를 알게 되었다면, 흥미가 느껴지는 '대상'이나 '의견'을 지속적으로 찾아야 한다. 특정 읽기 과제에 관심이 가면, 나중에 기억할 수 있도록 주제어를 적어 둔다. 교수가 수업 중에 흥미로운 질문을 던지거나 조사해 볼 만한 영역을 설명하여 호기심을 자극한다면 그 부분도 기록해 둔다. 예일대의 올에이 우등생 션은 "읽기 과제를 하거나 수업 중에 관심이 가는 개념이 나오는지 살펴보자. 분명히 좋은 주제로 이어질 것이다."라고 말한다.

미리 주제를 선정하기가 어렵다면 두 가지 선택지가 있다. 다트머스대의 올에이 우등생 치엔 웬은 그 첫 번째 방법을 이렇게 설명한다. "착상한 것들을 가지고 교수를 찾아가 적절한 자료를 추천받는다." 교수들은 그 분야의 전문가이다. 따라서 그들에게, 학생들이 생각을 구체화할 수 있도록 자료를 안내하는 일은 어려운 일이 아니다. 치엔 웬은 "그리고 기본 자료들을 꼼꼼하게 읽는다."라고 덧붙인다. 즉, 수업 교재나 그와 비슷하게 쓰이는 자료들을 훑어보며 관심이 가는 견해나 의문이 드는 문장을 찾고, 흥미로운 주제에 대해 대립하는 논지가 설명된 부분을 찾아본다. 치엔 웬은 "상상력을 발휘하고 직관을 이용하자. 사람과 사람, 생각과 생각, 폭넓은 주제와 주제 간의 통념을 벗어난 연결 관계를 찾아 보자."라고 말한다. 일반적으로 첫 번째 단계에 정성을 많이 들일수록, 나머지 과정이 수월해진다. 진지하게 주제 선정에 임하자.

2단계 / 설득력 있는 논지를 제시하는 논제 탐색법

흥미로운 주제를 선정했다면, 이 주제에 관해 주목할 만한 논지를 제시하는 논제를 만들어야 한다. 물론, 비평분석 리포트라면 필요한 논제를 만드는 대부분의 과정이 이미 끝난 상태일 것이다. 일반적으로 구체적인 질문이 포함되기 때문이다. 예를 들면, '이 두 논지는 어떻게 다른가?', '저자는 왜 이 부분을 언급하는가?' 등이다. 따라서 여기서는 이러한 질문에 대한 답의 요약이 논제가 된다. 반면, 연구조사 리포트에서는 제한된 분량 안에서 광범위한 주제를 다루어야 하므로, 흥미롭고 타당한 논지를 펼치기 위한 심도 있는 조사 단계를 거쳐야 한다.

두 리포트 모두 기본적인 조사는 필요하다. 사전 준비 없이 논제를 찾는다는 것은 위험한 발상이다. 초기 탐색 과정을 어느 정도 거치지 않으면, 생각한 내용을 리포트로 쓰기 적절한지조차 알 수가 없다. 긴 시간 공들인 리포트를 처음부터 다시 시작하는 것보다 끔찍한 일은 없다. 그렇다고 완벽한 논제를 찾겠다는 일념으로, 그 분야의 책을 한 권 한 권 독파하며 여러 날을 보낼 필요는 없다. 그것은 효율적이지 못하다.

비평분석 리포트 작성의 해법은 간단하다. 과제로 나온 주제와 관련된 읽기 과제 필기 노트와 강의 노트를 검토하면 된다. 이것으로 충분하다! 과제로 제시된 질문에 답할 방법을 대략 생각해낼 수 있을 것이다. 매우 간단한 방법이다. 그러나 이 단계를 건너뛰어서는 안 된다. 무엇을 쓸지 빨리 생각해 둘수록 논지의 흐름을 다듬을 시간을 많이 확보할 수 있다.

하지만 연구조사 리포트를 작성할 때는 논제 찾기가 간단하지 않다. 자료가 정해진 것도 아니고 구체적인 질문이 제시되는 것도 아니다. 스스로 생각해 낸 일반적인 주제만 있을 뿐이다. 이제 우리는 지식의 넓은 바다에 뛰어들어 견고한 논제를 마련하기 위한 자료를 충분히 탐색해야 한다. 물론, 어마어마한 정보의 바다에서 허우적대면 안 된다.

당연히 내가 만난 올에이 우등생들은 연구조사 리포트를 작성하기 위한 논제 탐색법을 알고 있었다. 그들의 목표는 크게 두 가지이다. (1) 과제의 범위에서 뒷받침할 수 있는 흥미로운 논제를 찾는다. (2) 자료 조사에 필요한 시간을 최대한 단축한다. 이 두 목표를 동시에 충족하기란 쉽지 않지만, 올에이 우등생들은 분명히 그렇게 하고 있다. 비결은 무엇일까? 답은 한 줄로 요약할 수 있다. 일반적인 자료로 시작해서 한 단계 구체적인 자료로 옮겨간다. 이 말이 무엇을 뜻하는지 자세히 알아보자.

일반적인 자료로 시작해서 구체적인 자료로 옮겨간다

다트머스대의 올에이 우등생 크리스는 말한다. "보통 기본적인 자료부터 시작한다. 예를 들어, 터키의 쿠르드족에 대해서 연구조사 리포트를 쓰는 중이라면, 최근에 출판된 도서 중 이 주제에 관하여 전반적인 역사를 다루는 자료를 구한다." 마찬가지로, 포크너의 초기 작품에 관한 주제로 연구조사 리포트를 쓰려면 포크너의 전기를 다루는 자료 한두 가지를 구해서 그의 초기 작품 활동에 관해 다루는 부분만 집중하여 읽는다.

주제와 관련해서 읽을 만한 일반적인 자료를 찾기 어려우면 교수에게 도움을 구하자. 교수는 추천할 만한 책에 대해 아주 많이 알고 있다. 그리고 대부분의 과목은 교내 도서관에 지정 도서 서가를 마련해 둔다는 사실을 기억하자. 이 서가에는 교수가 담당 과목과의 연관성을 고려하여 선택한 도서들이 비치되어 있다. 이 책은 보통 되도록 많은 학생이 이용할 수 있도록 한번에 한두 권만 열람할 수 있으며, 이 책들이야말로 일반적인 자료의 훌륭한 출처가 될 수 있다. 여기까지가 자료 탐색의 첫 번째 단계(일반적인 자료로 시작하기)이다.

두 번째 단계가 필요한 이유는 일반적인 자료들만으로는 논제를 정하기가 어렵기 때문이다. 운이 좋으면 첫 번째 단계만으로도 흡족할 만한 논제를 찾을 수도 있지만, 보통은 이렇게 살펴본 자료만으로는 구체적이지 않은 논지를 명확하고 흥미롭게 만들 수는 없다.

일반적인 자료를 검토를 검토하는 주된 이유는, 참고 문헌을 살펴보기 위해서이다. 크리스는 "일반적인 자료들 중에서 리포트 작성에 도움이 될 것 같은 부분은 모두 읽는다. 그러고 나서 그 부분에 사용된 다른 자료들을 찾아본다."라고 말한다.

다시 말하면, 논제 탐색 과정 두 번째 단계의 목적은 일반적인 자료에 인용된 책과 논문을 찾는 것이다. 이 자료 중에서 가장 쓸모 있어 보이는 것을 골라서 도서관에서 찾아본다. 이 자료들-학회지의 논문이나 몇 개의 구체적인 논지만을 다루는 책들-은 더 구체적인 부분을 집중하여 다룰 것이다. 이렇게 조금 더 구체적인 범주를 다루는 자료를 살펴보면 흥미롭고 적절한 논제에 대한 아이디어에 근접하게 될 가능성이 커진다.

이 접근법을 앞서 언급한 포크너의 예시에 적용해 보자. 일반적인 자료 중 하나에는 포크너에게 영향을 끼친 유럽의 특정 모더니즘 작가를 다룬 학회 논문이 인용되어 있을 것이다. 이제 이 학회지의 논문을 검토하며, 그 작가와 유사한 영향을 미친 다른 모더니즘 작가들에 관해 짧게 언급된 부분을 발견한다. 아하! 이것이 좋은 논제가 될 수 있다. 이 작가 중 한 명을 골라서 이 두 작가와 포크너의 연관성을 뒷받침하는 역사적 근거를 찾아본다.

혹은, 일반적인 자료 중에 포크너가 유럽에 머물던 시절이 언급되어 있다고 하자. 이 자료에는 포크너의 이 여행과 관련하여 남아 있는 기록은 젊은 시절 포크너 자신이 작성한 서신뿐이라는 점이 언급되며, 그 서신 모음집에 대한 출처가 적혀 있다. 이제 이 서신들을 찾아서 하나씩 읽어보는 동안 포크너가 런던에 있는 한 주점을 여러 차례 언급했다는 사실을 발견한다. 여기서도 매력적인 논제가 나올 수 있다. 당시 런던의 야간 주점들을 배경으로 한 지적 풍조를 알아보고, 그들이 포크너의 작품에 끼친 잠재적인 영향력에 대해서 논할 수 있을 것이다.

또한, 리포트에 포크너가 그 여행 직전에 쓴 작품과 직후에 쓴 작품을 함께 제시하며, 런던 문학의 지적 중심지를 여행한 후 그의 문체가 어떻게 달라졌는지를 집중적으로 다룰 수 있다. 여기서 핵심은 아주 작은 의견도 크고 흥미로운 논의로 발전할 수 있다는 사실이다.

논제가 통찰력 있는 리포트로 이어지기에 충분한지는 어떻게 알 수 있을까? 하버드대의 올에이 우등생 크리스틴은 "훌륭한 논제에는 네 가지 특징이 있다. 흥미를 유발하고, 섬세하며, 직접적이고, 포괄적이다. 동시에, 논제는 주제의 복잡한 면들을 한 번에 살짝 보여준다. '이 시에서 X는 Y를 상징하는데, 그 이유는 Z이기 때문이다'는 구조적으로 미약하며, 차원이 낮고 단순하다. 그러나 모호하거나 해결점이 확실치 않은 점에 대해서 걱정하지 말자."라고 말한다. 애머스트대의 웬디는 이렇게 말한다. "연구조사 리포트의 가장 중요한 부분은 논제이다. 논제가 견고하면 다른 부분들은 알아서 자리를 찾아간다."

정말 어려운 점은 리포트를 작성하는 과정에서 논제가 변화하고 진화한다는 사실이다. 기나긴 조사 과정을 시작하기 전이므로 당연하다. 초기 단계에서의 논제란, 그 자체로서 최종적인 연관성이나 해답을 제시하는 게 아니라, 작성자가 찾고자 하는 연관성이나 해답이 무엇인지 설명하는 것에 가깝다.

다시 포크너의 예시로 돌아가 보자. 초기 조사 단계에서 런던에 있던 특정 주점들의 사회적 환경이 젊은 포크너에게 영향을 미쳤다는 사실은 알았으나, 이 영향력이 어떤 식으로 드러났는지는 분명하지 않다. 이런 경우 더 많은 조사 과정을 거쳐야 한다. 자연스러운 과정이다. 조사 과정이 진행되면서 사고가 진화한다는 점을 받아들이자. 아직은 논제가 미숙하지만 앞서 언급된 사항들을 충족시키는 데에 필요한 과정을 거치는 중이라는 사실을 확인하는 것만으로 지금은 충분하다. 바꿔 말하면, 논제가 될 가능성이 있는 현재의 아이디어가 앞으로 진행될 더 세세한 조사 과정을 통해 견고하게 뒷받침되리라는 사실이 이 초기 단계에서 분명히 드러나야 한다.

자신에게 솔직해지자. 단순히 멋져 보인다는 이유로 논제를 결정했지만 사실 여부를 검증할 마땅한 이유는 찾지 못한다면, 리포트 재해가 발생한 것이다. 반면, 초기 단계에서 나온 조각 조각의 근거가 논제를 설명하는 흥미로운 연관성으로 이어진다면, 잘하고 있다고 믿어도 좋다.

3단계 / 논제의 적절성 점검법

이제 흥미로운 주제와 분명한 논제가 마련되었다. 우리는 지금 단연 돋보이는 리포트를 향해 나아가고 있다. 그러나 너무 앞서가지 말자. 이제 한 걸음 물러설 차례이다.

이제 많은 학생이 충분히 설득력 있는 논제를 마련했다는 믿음으로 무작정 쓰기에 돌입한다. 그러나 여러 장의 리포트를 공들여 쓰다 보면 이 전제가 생각보다 견고하지 않다는 사실을 발견하게 될 것이다. 논지를 뒷받침할 만한 근거를 충분히 찾지 못했기 때문일 수도 있고, 우연히 똑같은 논지를 제시하는 다른 자료와 맞닥뜨리게 될 수도 있다. 아니면, 종종 그렇듯 주어진 과제의 범위에서 제대로 다루기에는 논제의 폭이 지나치게 넓을 수도 있다. 그러므로 온전히 연구하고 쓰는 과정에만 전념하기 전에 단계를 하나 더 거쳐야 한다. 브라운대의 올에이 우등생 리얼은 말한다. “리포트 작성을 시작하기 전에 내 생각을 명확히 하기 위해서 교수를 찾아가고는 한다.” 좋은 조언이다.

연구조사 리포트와 비중이 큰(분량이 많은) 비평분석 리포트를 작성할 때는, 정해진 논제에 대해서 교수와 의견을 나누는 습관을 들여야 한다. 면담 시간을 이용하거나 미리 교수와 약속을 잡아서 지금껏 생각해 낸 주제와 논제를 설명하고 아래와 같이 질문해 보자.

1. 논제가 과제에 부합하는가?
2. 논제가 너무 광범위한가?
3. 혹은 너무 간단한가?

비평분석 리포트의 경우, 교수가 정해진 논제를 적절하다고 판단해준다면 좋은 신호다. 순탄하게 리포트를 작성할 수 있을 것이다. 자신감을 갖고, 다음 과정으로 넘어가면 된다.

연구조사 리포트의 경우에는, 교수가 정해진 논제를 적절하다고 여기면, 앞으로 찾아볼 몇몇 자료에 대해서도 설명하자. 분명 교수는 그 외에 쓸 만한 자료를 더 추천해 줄 것이다. 이렇게 교수에게 확인을 받는 것만으로도, 머리 아픈 조사 과정이 한층 단축된다! 또한 어떤 리포트든, 교수가 논제에 대해 크게 동의하지 않는다면, 더욱 합리적인 형태로 논제를 수정하도록 조언을 아끼지 않을 것이다. 이렇게 10~20분 정도 교수와 이야기를 나누면, 리포트의 기초를 다지는 데 자신감을 얻을 수 있다. 이제 리포트를 쓰다가 막다른 길에 이를 두려움은 접어 두고, 전력을 다해 자료를 탐색하는 과정에 임하면 된다. 교수를 만나는 과정을 생략하는 학생이 많다니 놀라울 따름이다. 교수와 짧게 이야기하는 시간을 확보했느냐 아니냐가 돋보이는 리포트를 쓸 것인지, 무용지물인 리포트를 쓸 것인지를 결정한다.

그러나 무작정 교수를 만나는 게 지름길은 아니다. 스스로 논제를 정하지 않은 채 교수실을 찾는다면, 교수는 아무것도 대답해 주지 않을 것이다. 하버드대의 크리스틴은 말한다. "학생들이 미리 고민한 흔적을 보이면 교수들은 기꺼이 학생의 이야기를 경청한다."

4단계 / 체계적인 자료 조사법

비평분석 리포트의 경우에는, 사전에 한두 가지의 자료가 명시되어 있으므로 바로 논지를 구성하는 단계로 넘어갈 수 있다. 그러나 연구조사 리포트에서는 두말할 나위 없이 연구와 조사하는 단계가 필요하다. 연구조사 리포트를 쓴다면, 앞으로 이야기할 부분을 잘 따라야 한다. 어떻게 조사하느냐에 따라 리포트 작성에 들인 노력이 빛날 수도 있고, 헛수고가 될 수 있기 때문이다.

대부분의 학생처럼 자료 조사 단계 없이 곧바로 글을 쓰며 임기응변식으로 밀어붙인다면 머지않아 다음과 같은 문제와 부딪히게 될 것이다. 먼저, 논지를 확대하기 위해서 글쓰기 중에 작업을 멈추고 새로운 자료를 찾는 과정을 반복해야 한다. 글 쓰는 과정이 답답하고 지루해질 수밖에 없다. 그리고 결과물인 리포트가 빈약해진다. 좋은 논지를 만들기 위해서는 주제와 관련한 모든 정보를 확실히 알고 있어야 하며, 그러려면 관련된 모든 사실과 아이디어를 속속들이 알아야 한다. 그래야 수월하게 글을 쓸 수 있다. 출처가 분명하고, 필요한 곳에 적절히 배치할 수 있어야 한다는 뜻이다. 자료가 불완전하고 정리되지 않은 상태라면 리포트도 그럴 수밖에 없다.

반대로 연구와 조사에 너무 많은 시간을 할애하는 잘못을 범하는 학생도 있다. 열의 있는 많은 학생이 '무한 조사 증후군'의 공포에 무릎 꿇는다. 무한 조사 증후군이란, 정말 필요한 것이 아닌데도 '딱 하나만 더' 자료를 찾으려고 덤비는 증상을 말하는데, 시간을 낭비하고, 기숙사 방에 책이 한가득 쌓일 것이며, 심각한 수면 부족 현상을 겪게 할 것이다. 이는 공붓벌레들이나 하는 일이다. 우리는 어떻게든 이런 상황을 만들지 않아야 한다.

자료 조사가 논제 선택이나 글쓰기보다 쉬워 보일 수 있다. 그러나 막상 해 보면 정말 어려운 단계라는 걸 알게 된다. 다행히 올에이 우등생들은 수많은 자료 속에서 길을 잃지 않고 필요한 정보를 얻으며, 자료 조사 단계를 헤쳐 나간다. 이 전략은 자료를 조사할 때의 시스템에 따르며, 이 기계적인 과정은 모든 연구조사 리포트에 동일하게 적용해 좋은 결과를 창출한다. 그들의 시스템에는 논제를 투입하면 톱니바퀴가 돌아가며 잘 정리된 주석이 번호가 매겨진 채 튀어 나온다. 이 시스템을 이용하면 자료 조사의 질이 보장되고, 결과물을 창출하는 데 걸리는 시간은 최소로 줄어든다. 이 그럴듯한 시스템은 다음 네 가지 단계를 바탕으로 작동한다.

1. 자료를 찾는다.
2. 모든 자료의 복사본을 만든다.
3. 복사한 자료에 출처를 표기한다.
4. 자료 조사를 마칠 것인지를 결정한다(아니라면, 1번으로 돌아간다).

세세하게 들여다보면 간단한 작업은 아니지만, 이것이 전부다. 그러면 각 단계를 구체적으로 살펴보자.

자료를 찾는다

자료에는 일반적인 자료와 구체적인 자료 두 가지가 있다. 2단계에서 설명했듯이, 일반적인 자료(예: 전기, 강의 교재)는 주제와 관련된 개략적인 내용을 다루며, 구체적인 자료(예: 학회 리포트, 특정 사건이나 주제에 관한 도서)는 구체적인 논지를 다룬다. 대학에서 요구하는 수준의 리포트를 작성하기 위해 사용되는 유용한 정보는 대부분 구체적인 자료에 있다. 물론, 관건은 그런 자료를 찾아내는 것이다. 좋은 자료를 찾는 전략에는 두 가지가 있다.

첫 번째 전략은 2단계와 직접적으로 관련된다. 일반적인 자료로 시작해서 그 자료의 참고 문헌을 바탕으로 구체적인 자료를 찾는 것이다. 다트머스대의 올에이 우등생 데이비드는 "두세 가지 마음에 드는 자료가 있으면 그 참고 문헌을 사용해서 저자가 자신의 논지를 강화하는 근거로 든 다른 자료를 찾아 살펴본다."라고 말한다. 이를 위해서는 교수에게 물어보거나, 도서관의 지정 도서 서가의 도움을 받을 것을 제안했다. 또 다른 좋은 출처는 도서관의 전자장서 목록을 이용하는 것이다. 당연히 이는 생각만큼 쉽지 않다. 주제어를 입력해도 내가 관심 있는 주제를 다루는 책은 쉽게 검색되지 않을 것이다. 그렇기 때문에 제대로 검색하려면 조금 더 머리를 써야 한다.

미국 국회 도서관(LOC)의 주제 분류법을 이용해 보자. 미국 국회 도서관은 하나의 커다란 구조 안에서 모든 도서를 분류한다. 예를 들어 하인리히 하러의 매력적인 책인 《하얀 거미(The White Spider)》는 다음 두 가지 범주에 포함된다.

- 등정-스위스-아이거-역사
- 아이거(스위스)-묘사와 여행

전자장서 목록에서 도서를 검색하면 그에 해당하는 LOC 주제 분류가 나타난다. 여기서 정말 좋은 점은 이런 주제에 모두 하이퍼링크가 지원된다는 사실이다. 다시 말하면, '하얀 거미'라는 주제어로 검색한 결과에서 '등정-스위스-아이거-역사' 순으로 클릭하면 도서관의 이 분류에 속하는 모든 책의 목록으로 돌아갈 수 있다. 즉, 특정 주제에 관한 일반적인 자료 하나를 찾으면 그 분류에 속하는 다른 책들까지 찾을 수 있다. 이렇게 일반적인 자료를 찾은 다음에는 더 구체적인 자료를 검색하기 위해 그 책의 참고 문헌을 살펴보면 된다.

구체적인 자료를 찾는 두 번째 전략은 직접 찾는 것이다. 이 방법은 중요하다. 다루려는 논제와 관련된 구체적인 자료가 일반적인 자료의 참고 문헌에 모두 나타나지는 않는다. 특히, 최근에 연구된 분야라면 더더욱 그러하다. 최근 몇 년 동안 출판된 논문이라면 그것을 인용했을 법한 일반적인 자료는 찾기가 어려울 것이다. 즉, 두 번째 방법의 문제는 구체적인 자료를 찾기가 어렵다는 점이다. 예를 들어, 앞에 소개한 아이거 주제와 관련하여 논제를, '아이거 북벽 등반의 잦은 실패는 20세기 전반 스위스의 문화적 정체성 형성에 있어 중요한 역할을 했다'로 정했다고 하자. 당연히 《하얀 거미》 같은 일반적인 자료는 어렵지 않게 찾을 수 있다. 하지만 '스위스의 문화적 정체성에 대해 아이거가 미친 영향'이라는 주제와 관련된 자료는 쉽게 찾을 수 없다. 도서관 장서 목록에 '스위스의 문화적 정체성에 아이거가 미친 영향'이라고 검색어를 입력한다고 찾아지는 게 아니다. 자, 그렇다면 이렇게 까다로운 일을 어떻게 해야 성공할 수 있을까? 다음은 네 가지 주요 탐색 전략이다.

탐색 전략 1. 알아볼 내용을 일반적인 내용으로 나눈다

구체적으로 알아볼 내용을 다음과 같이 간단하고 일반적인 내용들로 쪼개면 연관된 자료를 찾기가 훨씬 수월해진다. 아이거 예시와 관련해서는 다음과 같이 시도해볼 수 있다.

- 알프스 등반 스위스 문화
- 스위스 문화적 정체성
- 알프스 등반
- 스위스 등정

알아볼 내용을 이렇게 더 일반적인 부분들로 쪼개면 논제와 직접 연결되거나 논제를 뒷받침할 만한 내용이 있는 자료를 찾을 수 있다. 물론, 구체적인 질문의 답을 찾기 위해 일반 사항을 끄집어내는 데는 연습이 필요하다.

탐색 전략 2. 논문 검색 사이트를 이용한다

앞서 언급했듯이, 구체적인 자료란 책보다는 학술 논문을 말하는 경우가 많다. 이런 논문이나 글은 도서관 장서 목록에서 찾을 수 없다. 따라서 다트머스대의 크리스가 추천하는 '특정 주제에 관한 논문 자료 검색 사이트'를 활용해 보자. 이러한 사이트에서 자료를 검색하는 방법은 다음과 같다.

학교 도서관 홈페이지에는 열람 가능한 전자 자료 목록이 있다. 분명히 1학년 때 전자 자료 사용하는 법을 듣게 될 것이다(좋더라도 그 사용법은 그리 복잡하지 않다). 자료의 목록은 보통 학문의 분야별로 분류되며(정치학, 인류학 등), 작성할 리포트와 관계된 분야를 선택하면 찾아볼 만한 자료의 목록이 나온다. 이러한 자료는 대부분 학술 논문이므로 앞서 설명한 전략에서처럼 일반적인 사항으로 쪼갠 검색어를 사용해서 구체적인 자료를 검색한다.

작성 중인 리포트의 주제가 여러 학문 분야와 연결된다면 크리스의 조언에 따라 제이스토어(JSTOR)처럼 다양한 학술 자료를 보유한 대형 논문 검색 사이트를 활용한다.

탐색 전략 3. 의심스러울 때는 구글을 사용한다

다트머스대의 데이비드는 말한다. "구글은 제일 중요한 친구다." 좋은 조언이다. 구글이야말로 진정으로 유용한 도구이다. 물론, 구글은 주의해서 사용할 필요가 있다. 리포트 작성에서 가장 중요한 규칙은 웹사이트는 인용하지 않는 것이다. 학자들은 웹사이트를 신뢰하지 않는다. 학회지의 논문은 출판 전에 촘촘한 검토

과정을 거치며, 학술 서적은 전문가들에 의해 집필되고 엄격하게 편집된다. 하지만 웹사이트의 자료는 그렇지 않다. 논제를 충분히 뒷받침하기가 어렵다. 게다가 웹사이트를 참고하는 것은 고등학생이나 하는 일이다. 대학에서 그랬다가는 교수에게 폭격을 맞을 준비를 단단히 해야 한다.

그럼에도 불구하고, 구글은 유용하다. 인용할 웹사이트를 찾기 위함이 아니라, 논제를 뒷받침할 책과 논문을 참고할 웹사이트를 찾기 위해서 말이다. 예를 들어, 구글 검색에는 '아이거와 스위스의 문화적 정체성'처럼 까다로운 검색어를 입력하면, 이 내용을 직접, 또는 간접적으로 다루는 웹사이트가 표시된다. 도서관의 장서 목록을 검색하는 것보다, 놀랄 만큼 정확한 결과가 나타나며, 운이 좋으면 검색 결과로 나온 웹사이트에서 책이나 논문에 관한 구체적인 정보를 찾아낼 수도 있다. 이 결과물을 도서관의 장서 목록에 입력해 일반적인 자료로 이용하면 좋다.

탐색 전략 4. 사서의 도움을 받는다

도서관에는 학생들이 필요로 하는 정보를 찾도록 돕는 사서가 있다. 사서는 정보 제공이 업인 사람이므로, 자료 찾기에 최적화되어 있으며 학생이 자료를 찾을 시간을 대폭 줄여 주는 전문

가이기도 하다. 그러나 이렇게 훌륭한 정보 검색의 전문가를 활용하지 못하는 학생이 대부분이다.

사서를 만나자. 사서는 리포트의 주제와 논제에 대한 설명을 듣고 몇몇 검색 결과를 보여줄 것이다. 이렇게 하면 놓칠 법한 구체적인 자료를 찾을 수도 있고, 언제든 사용할 수 있는 새로운 도서관 자료와 논문 검색 사이트를 접할 수도 있다. 사서와 시간을 보내고 나면, 혼자서도 수월하게 견고한 자료를 찾을 수 있게 된다.

◎ 모든 자료의 복사본을 만든다

자료 다루는 법은 리포트 쓰기의 효율성을 크게 좌우한다. 조사 단계에서, 관련된 도서나 논문의 일부를 다루는 방법에는 여러 가지가 있지만, 내가 만난 올에이 우등생들은 다음과 같은 전략을 따른다.

우선, 관련된 모든 자료의 복사본을 만들거나 출력한다. 검색한 책의 두 챕터가 리포트의 주제와 관계가 있으면 그 두 챕터를 복사한다. 중요한 학회 논문이라면 논문 전체를 복사하고, 인터넷에서 논문이나 관련한 글을 찾으면 그 부분을 출력한다. 목표는 모든 자료의 개인 복사본을 마련하는 것이다.

이렇게 하면 많은 장점이 있다. 일단 휴대하기가 편리하다. 책이나 학회지를 한 짐 가지고 다니는 것보다, 복사본 한 묶음을 가지고 다니며 공부하는 게 훨씬 수월하다. 교수와 인터뷰할 때도 리포트 준비를 계속할 수 있으며, 자료를 찾기 위해 두꺼운 책을 열었다 닫았다 하거나, 컴퓨터의 하드 드라이브를 검색할 필요가 없다. 필요한 정보를 복사하고 출력해 압축한 묶음에 모든 정보가 보관되어 있기 때문이다.

이제 이 자료를 나름대로 정리할 수 있게 되었다. 저자별로 구분해 묶을 수도 있고, 유사한 논지대로 묶거나, 주제별 묶을 수도 있다. 색인을 만들어 파일에 따로 보관할 수도 있다. 예일대의 올에이 우등생 션은 "종이로 된 자료를 가지고 있으면, 무엇이든 찾기가 수월해진다."라고 말한다. 하버드대의 크리스틴은 "많은 이유로 복사하거나 출력한 자료가 책이나 전자문서보다 편리하다. 마음껏 표시할 수 있기 때문이다."라고 말한다. 종이로 된 개인 자료에는 필요한 만큼 밑줄을 긋고, 강조하는 표시를 하고, 화살표를 그릴 수 있다. 게다가 삭제 표시도 할 수 있다! 이렇게 복사본이나 출력본은 개인용이기 때문에, 자료에 대한 접근성이 극대화되는 경향이 있다.

그러나 여기에도 주의할 점이 있다. 첫째, 나중에 정식으로 참고 문헌에 관한 주석을 달 때 사용할 수 있도록 각 복사본에 필요한 정보를 모두 기록해야 한다. 예를 들어, 책의 한 쳅터를 복사했다면 첫 쪽에 책 제목, 저자명과 출판사명, 저작권 날짜를 표기해야 한다. 혹은 크리스틴의 조언처럼, 간단히 책 첫 장의 '제목과 저작권 정보'를 함께 복사해 두면 '마지막 순간에 인용문 정보를 구하기 위해 도서관으로 뛰어가는 일'을 방지할 수 있다.

둘째, 각 자료의 참고 문헌을 복사해 둔다. 이렇게 하면 복사하거나 출력한 내용에서 참조할 만한 자료를 발견했을 때 그것에 대한 모든 정보를 쉽게 얻을 수 있다. 논문에서는 대체로 내용 바로 다음에 참고 문헌이 나온다. 물론, 미주 형식을 사용하는 책의 경우에는 맨 뒤로 가야 특정 장에 대한 참고 문헌을 찾을 수 있다.

자료에 메모한다

자료 검색은 리포트를 쓰기 위한 첫 번째 단계일 뿐이다. 자료의 내용과 자료가 리포트의 어떤 부분에 쓰일지를 모르면 한가득 되는 복사본은 아무짝에도 쓸모가 없다. 그러므로 자료를 살펴보고 중요한 내용에 대해 간략한 설명을 기록해야 한다.

PART2에서 이야기한 읽기 과제 필기에서와 같은 방법으로 자료를 읽어야 한다는 느낌이 들지도 모르겠으나, 여기서는 그 정도로 하지 않아도 된다. 그렇게 하기는 부담스럽다. 다트머스대의 데이비드의 조언에 따라, 지금 필요한 전략은 '훑어보고, 훑어보고, 훑어보기'이다. 즉, 이 자료들은 빠른 속도로 읽어 내려가야 한다. 논제와 연관되어 보이는 중요한 정의나 아이디어, 의견이 보일 때마다(손으로, 혹은 컴퓨터로) 해당 쪽수와 내용을 간략히 적는다. 예를 들어, 저자가 특정 관점에 대해 논한다면 이 관점이 무엇인지만 기록한다. 읽기 과제 노트에서처럼 관점을 뒷받침하기 위해 저자가 제시한 근거까지 적을 필요는 없다. 다음은 다트머스대의 아나의 조언이다. "관심 있는 주제의 특정 관점과 관계된 부분만 고른다. 책을 통째로 읽을 필요는 없다!" 자료를 읽고 메모하기를 마치면, 해당하는 자료의 복사본과 메모한 내용을 하나로 묶는다.

일반적으로, 자료의 출처에 대한 메모는 간결한 지시 기능에만 충실하면 된다. 논지가 자료의 어느 부분에 있는지만 알려주면 되는 것이다. 수집한 자료를 짜임새 있게 묶었다면, 이제 각 자료의 중요한 정보에 신속하게 접근할 수 있는 메모가 필요하다. 중요한 정보의 출처는 분명하므로, 리포트 작성에 가장 도움이 될 부분만 골라서 제대로 읽으면 된다. 이 단계를 부수적인 일로 여겨서는 안 된다. 곧 드러나겠지만, 이런 간략한 메모는 엄청나게 시간을 절약하게 한다.

자료가 충분한지 결정한다

자료가 충분한지에 대한 물음에 대한 답은 없다. 얼마나 조사를 해야 할지에 대한 공식이 있다면 좋겠지만, 불가능하다. 충분함에 대한 척도는 제각각이다. 짧은 리포트라도 여남은 개의 자료가 더 필요할 수도 있고, 긴 리포트에 너덧 개의 자료만 필요할 수도 있다.

자료를 충분히 마련했는지를 결정하는 데에는 대략의 과정이 필요하다. 말 그대로 대략이다. 항상 내가 작성할 리포트에 무엇이 필요한가를 염두에 두어야 하지만, 다음과 같은 방법을 사용하면 이 단계를 마무리할 수 있을 것이다.

조사 종료 결정 과정

1. 논제를 뒷받침하는 데 꼭 필요한 주제어(자료 조사 중에 나온 구체적인 질문, 사실, 설명)의 목록을 만든다.
2. 논제를 뒷받침하는 데 도움이 될 만한 주제어의 목록을 만든다.

3. 최소한 1번 주제어에 해당하는 좋은 자료는 두 개씩, 2번 주제어에 해당하는 좋은 자료는 한 개씩 있으면 충분하다. 그렇지 않으면 조사 과정을 계속한다.

이렇게 대략의 기준을 적용하는 이유는, 아직 논지의 전개 방향을 정확히 알지 못하므로, 어떤 자료가 필요한지조차 분명하지 않기 때문이다. 이 단계에서는 조사 과정에 충실했는지 정도만 간단하게 평가하면 된다. 꼭 필요한 자료와 도움이 될 가능성이 있는 자료를 구분해 두면 굳이 없어도 되는 자료를 찾느라 고생하지 않아도 된다. 다트머스대의 데이비드는 "일단 자료를 '매우 유용한 것, 잠정적으로 유용한 것, 유용하지 않은 것' 세 가지로 나눈다."라고 조언한다. 논제에서 아이거와 스위스의 문화적 정체성을 다룬다면, 이때 '꼭 필요한 자료'와 '도움이 될 만한 자료'는 다음과 같이 구성할 수 있다.

논제를 뒷받침하는 데 꼭 필요한 주제

- 아이거에 대한 기본적 역사 정보(발견 시기, 최초 등반 시기 등)
- 세기가 바뀌는 시점에서 스위스의 문화적 정체성에 관해 나온 여러 논의

논제를 뒷받침하는 데 도움이 될 만한 주제

- 아이거를 최초로 등반한 사람들의 회고록
- 당시의 언론 자료(스위스 내부와 외부 모두)
- 스포츠와 애국심의 역할에 관한 일반적인 논의

두 번째 목록은 도움이 될 만한 주제이므로 자료를 다 찾지 못해도 괜찮다. 하지만 첫 번째 목록은 모든 자료가 충족될 때까지 조사 과정을 계속해야 한다.

간혹, 리포트의 실질적인 개요를 작성하고나서야 부족한 부분을 메꾸기 위해 자료 조사 단계로 돌아가는 경우도 있다. 하지만 위의 단계를 따르면 이차적으로 찾아야 할 자료의 양이 상당 부분 줄어들어, 도서관에서 보내야 할 시간을 절약할 수 있다.

5단계 / 주목할 만한 논지를 구성하는 법

이 단계에서는 마법 같은 일이 벌어진다. 리포트 작성 과정에서 가장 신나는 일인 지적 성찰이 일어나기 때문이다. 설득력 있는 논제를 결정한 후 논제에 확신이 생겼으며 잘 정리해서 메모해 둔 자료까지 준비되었다. 이제 머리를 써서 낱낱의 자료를 하나로 모아 설득력 있는 이야기로 풀어갈 차례이다. 다트머스대의 아나는, "좋은 리포트를 쓰기 위해서는 남이 생각하지 못한 논지를 구성해야 하며, 그 유일한 방법은 사고하는 것이다."라고 말한다. 이 단계가 바로 사고 과정이 일어나는 부분이다.

논지를 구성한다

브라운대의 올에이 우등생 프랭크는 "작성하는 리포트의 전체적인 구성에 관한 청사진이 있어야 한다. 생각을 잘 조직해야, 학문적 걸작을 이룬 충실한 연구 과제가 될 수 있다."라고 말한다. 그러나 견고한 논지를 구성하는 일을 정해진 시스템에 끼워 맞추는 일은 어렵다. 창조적인 사고와 창의력을 필요로 하는 두뇌 활동의 영역이기 때문이다. 대학 과정에는 빠진 부분 없이 말끔한 리포트를 뽑아낼 정해진 구조가 없다. PART3의 도입부에서 언급했듯이, 고등학교에서 사용했던 서론/본론/결론이라는 구조는 대학에서 무의미하다. 교수는 그 이상을 요구한다. 일반적으로, 대학생 수준에서의 좋은 논지란 다음과 같은 사항을 만족해야 한다.

1. 논의의 맥락을 분명히 하기 위해, 동일한 주제에 관한 기존

논문을 인용한다.

2. 논제를 소개하고, 그것이 앞서 진행된 유사한 문제에 관한 연구와 어떻게 연결되는지 구체적으로 드러낸다.
3. 구체적인 논리와 기존의 논거, 근거, 자료를 이용해서 논제를 뒷받침한다.
4. 확장된 논지 및 그것이 그 분야에 전체에 미칠 잠재적인 영향력을 예측한다.

이 일반적인 사항들을 제시하는 데는 정해진 순서나 형식이 없다. 어떤 리포트에서는 정황을 먼저 다룬 뒤 논제를 제시하고, 어떤 리포트에서는 논제부터 제시하고 논한 뒤 더 넓은 범위의 정황을 마지막에 다룬다. 어찌 되었든, 많은 학생이 좋은 논지를 구성한 리포트를 작성하기 위해 위의 네 가지 사항을 조합한다. 정답은 없다. 생각하는 바를 잘 정리해서 제시할 방법은 연습뿐이라는 것을 유념하자. 좋은 논지를 많이 쓰고 읽어 봐야 한다. 이것이 이 단계에 필요한 기술을 발전시키는 가장 좋은 방법이다.

물론, 논지를 구성하는 몇 가지 일반적인 지침은 있다. 정해진 규칙이라기보다는 어떻게 두뇌에 불을 붙여 창의력을 발휘할 것인가에 대한 조언으로 해 두자.

조언 1

리포트의 줄거리를 구상할 때는 거기에 맞는 마음의 준비가 필요하다. 무엇이든 마음이 고무되고 의욕이 생길 만한 일을 하자. 〈디 애틀랜틱〉, 〈더 뉴요커〉, 〈하퍼스〉 등 양질의 논의를 다루는 출판물을 준비해 기사 몇 개를 정독하고, 조용한 곳을 산책하는 것도 좋다. 다트머스대의 데이비드는 "친구들과 이야기한다. 좋은 친구들이라면 리포트에 대한 의견을 주고, 함께 살펴봐 줄 것이다."라고 말한다. 또한 먼지 자욱한 원목 책장과 의자로 가득한 도서관 한구석에 틀어박혀 책을 보거나, 면담 시간을 통해 교수에게 리포트에 대한 의견을 물어도 좋다. 강의 계획표에 제시된 논문이나 책의 일부를 반복해서 읽고, PBS(미국 공영 방송망-역주)의 다큐멘터리를 시청하는 것도 방법이다.

조언 2

이번에는 이전 단계에서 수집한 자료를 준비한다. 비평분석 리포트를 작성하는 중이라면 두세 권의 책과 읽기 과제 노트가 이에 해당하며, 연구조사 리포트를 작성하는 중이라면 많은 분량의 책 일부와 논문의 복사본들이 이에 해당한다. 두 경우 모두 준비한 자료를 읽으면서 관련된 사실과 논지를 머릿속에 그려보자. 앞서 자료에 작성한 메모를 이용해서 흥미로운 부분은 읽고 관계없는 부분은 넘어간다.

조언 3

휴식을 취한다. 리포트 쓰기와 관계없는 다른 일을 한다. 그러다가 리포트에 관한 생각이 자유롭게 떠오르면 풀어놓는다. 다트머스대의 올에이 우등생 로라는 "리포트를 써야 할 때는 제일 먼저 침대로 기어 들어가 낮잠을 잔다. 주제에 관해 생각하고 있다면, 자는 중에 리포트 자료가 꿈에 나오는가 하면 흥미로운 발상이 떠오르기도 한다."라고 말한다. 이런 식으로 논지에 대해 조금씩 생각할 기회를 찾는다. 그리고 "일상의 소소한 일들을 하면서, 강의실로 향하면서, 혹은 식당에서 줄을 서서 리포트에 대해 생각한다."라고 덧붙인다.

이런 자투리 시간을 이용해서 머릿속에 논지의 부분 부분을 펼쳐 놓고, 이를 어떻게 배치할지 구상해 보자. 구체화시킬 부분이 있거나, 자료를 더 봐야 한다면 언제든 조사한 자료를 참고하면서 말이다. 자료를 완벽하게 자기 것으로 만들기 위해서는 반복해서 자료에 노출되어야 한다. 그래야 가능한 선에서 최고의 논지를 만들어 낼 수 있다.

개요를 작성한다

오랜 시간을 들여 만든 논지를 부각하려면 개요가 있어야 한다. 하지만 개요 작성은 쉽지 않다. 학생들은 개요를 짤 때 흔히 두 가지 실수를 저지른다.

첫 번째 실수는 개요를 허술하게 짜는 것이다. 개요에 구체성이 결여되면, 글의 목적이 드러나지 않아 글 전체가 허술해질 수밖에 없다. 이런 상황은 최대한 피해야 한다. 허술한 개요는 논쟁의 여지가 많은 결론을 만들며, 전체적인 구성력도 떨어뜨린다. 크리스틴은 "고등학교에서는 어떤 글이든 한번에 썼다. 도입부로 시작해, 순서대로 문장을 짓고 다듬으면 끝이 났다. 그러나 대학에서는 개요를 작성하지 않고 글을 쓸 수 없다. 개요를 작성해야 논지에 탄탄한 구성력과 명확한 흐름이 생긴다. 이제는 하나의 생각을 수사적으로 연결하려고 애쓰기보다 자연스러운 순서와 논리가 생길 때까지 생각나는 것들을 무작위로 적어 본다."라고 말한다.

두 번째 실수는 개요를 과하게 짜는 것이다. 어떤 학생은 서너 단계 하위의 자잘한 정보들을 로마자, 숫자, 들여쓰기로 잔뜩 치장한 복잡한 개요를 짠다. 이런 종류의 개요는 초등학교 5학년 아이의 숙제와 다를 바 없다. 절대로 이렇게 해서는 안 된다. 정말 지칠 일이다. 하버드대의 도리스는 다음과 같이 말한다. "피해야 할 함정 중의 하나는 개요 작성 단계에만 머무르는 일이다. 개요를 꾸미는 일에만 집착하는 학생을 본 적이 있다." 리포트에 사용할 문장 하나하나까지 정성 들여 개요를 짜고 나서, 정작 글을 써야 할 때는 지쳐 버리는 것이다. 무엇을 쓸 것인가에 대한 구체적인 결정은 실제 작성 단계에서 이루어져야 한다. 그전에는 필요 없다. 실제로 리포트를 작성하기 전까지는 논지의 흐름에 포함될 자잘한 부분을 구성할 방법을 찾기 어렵다. 절대로 개요 단계에 자잘한 부분에 신경 쓰면 안 된다.

이 두 가지 극단적인 실수를 적절히 보완하는 방법은 요목 수준의 개요를 작성하는 것이다. '요목'이란, 리포트에서 다루고자 하는 하나하나의 완결된 요점을 말한다. 보통 요목은 낱낱의 근거보다는 일반적인 개념이며, 여러 개의 논지보다는 구체적인 개념이다. 다음은 아이거에 관한 가상 리포트에 쓰일 요목의 예이다.

- 아이거와 스위스의 문화적 정체성에 관한 논제
- 아이거에 대한 초창기 서술
- 첫 아이거 등정

- 아이거 정상 정복 시도에 관한 최근의 언론 기사
- 20세기 초 대중문화에서 언급된 아이거
- 20세기 초 스위스 관광 안내 책자에서 언급된 아이거
- 알프스와 유럽인의 정체에 대한 맥밀런의 논제
- 이 논제와 맥밀런의 논지 사이의 관계
- 논지에 관한 생각 마무리-적용, 앞으로의 과제

개요를 작성할 때는 요목으로 된 골자를 만드는 일로 시작한다. 위의 목록에 있는 모든 사항은 나름의 순서대로 리포트에서 다뤄질 것이다. 나중에 각 항목 사이에 글을 써넣을 것이므로 컴퓨터에 바로 굵은 글자체로 입력하자. 요목 골자는 앞으로 다룰 논지의 구성을 간결하게 드러낸다. 우리는 앞에서 언급한 주제를 사용해서 다음의 순서로 아이거 리포트를 위한 요목 골자를 만들 것이다.

1. 20세기 초 스위스 관광 안내 책자에서 언급된 아이거
2. 알프스와 유럽인의 정체성에 대한 맥밀런의 논제
3. 아이거와 스위스의 문화적 정체성에 관한 논제
4. 아이거에 대한 초창기 서술
5. 첫 아이거 등정

6. 아이거 정상 정복 시도에 관한 최근의 언론 기사

7. 20세기 초 대중문화에서 언급된 아이거

8. 이 논제와 맥밀런의 논지 사이의 관계

9. 논지에 관한 생각 마무리-적용, 앞으로의 과제

개요에 구체적인 근거가 다 드러난 것은 아니지만 이제 리포트가 어떻게 전개될지는 분명해졌다. 이상적인 경우라면, 각각의 요목을 뒷받침할 한두 개의 좋은 자료가 준비되어 있을 것이다. 그러나 흔히 요목 골자를 구성하면서, 정말 필요하지만 미처 준비되지 않은 자료가 있었음이 발견된다. 그래도 괜찮다. 앞서 이야기한 바와 같이, 논지 구성을 시작하면서 생각하지 못했던 점들이 발견되었을 뿐이다.

아무튼, 일단 요목 골자를 마무리한 뒤 앞 단계로 돌아가서 현재 뒷받침하기 어려운 항목에 쓸 자료를 다시 찾아본다. 앞서 언급한 조사 종료 결정 과정을 따라가면 빈틈을 상당 부분 메꿀 수 있을 것이다.

요목 개요에 구체적인 내용을 써넣는다

요목 골자를 구성하고 보충할 자료를 모두 찾았다면, 요목을 뒷받침하는 구체적인 내용을 채울 차례이다. 이 단계는 매우 중요하다. 하버드대의 크리스틴은 "굵은 글자체로 입력된 개요의 각 항목 아래(요목 골자 아래)에 일반 글자체로 개요의 각 항목과 관련된 근거들을 수집해서 입력한다. 조사한 자료에서 찾은 인용문을 개요가 담긴 문서에 직접 입력해야 하며, 각 인용문에는 출처와 그 쪽수를 함께 기록해야 한다. 위의 예시 중 '첫 아이거 등정' 항목을 쓸 때는, 산에 관한 몇 권의 책에서 고른 인용문을 최근의 다양한 기사들과 함께 삽입할 수 있으며, 최근의 기사들을 '아이거 정상 정복 시도에 관한 최근의 언론 기사' 요목에 사용할 수 있다. 글쓰기 단계를 시작한 후에, 실제로 사용할 인용문을 결정할 것이므로, 지금은 다른 항목에 같은 정보를 써넣어도 무방하다. 지금은 이를 크게 고민할 시점이 아니다. 일단 관련이 있어 보이면 그대로 입력한다.

쓰다 보면, 이 단계가 과하게 느껴질 수 있다. 다 쓰고 나면 생각보다 개요의 규모가 크고, 인용문이 가득해 너무 길어 보이기 때문이다. 물론, 이 과정이 복잡하지는 않았을 것이다. 모든 자료의 복사본을 만들고 메모를 남겼으므로, 개요에 첨가할 적합한 근거를 찾는 일은 책과 참고 문헌을 일일이 훑어보며 찾는 것보다 수월했다.

브라운대의 로버트는 이렇게 번거로운 일의 이점을 정확히 말해 준다. "이 과정을 거치면 리포트를 작성하는 중에 필요한 자료를 찾기 위해 산더미같이 쌓인 책과 논문을 일일이 펼쳐보지 않아도 된다."

올에이 우등생은 리포트를 작성할 때 각 단계를 분리한다는 것을 명심하자. 그들은 글쓰기 단계에서 적절한 근거를 찾기 위해 자료를 일일이 펼치는 일은 하지 않는다. 그렇게 하면 글 쓰는 일은 고통스럽고 지루한 일이 되며, 글의 질이 떨어진다. 그래서 자료에서 미리 정보를 추려 두는 것이다. 이후에 이루어질 글쓰기 단계는, 파악하고 정리한 정보의 구조를 중심으로 간단한 틀을 구축하는, 간소한 작업이다.

6단계 / 리포트의 질을 높이는 자문단 활용법

브라운대의 올에이 우등생 수잔은 말한다. "친구들과 주제에 대해 토론한다. 그러고 나서 글을 쓰기 위해 자리에 앉으면 논지에 대해 상당한 자신감이 생긴다." 조언을 많이 들을수록 좋은 리포트를 쓸 수 있으며, 조언을 구하는 건 쉽다. 개요를 검토해 줄 믿을 만한 사람을 섭외하자. 전문 자문단을 꾸리는 것이다. 이 방법은 큰 노력을 들이지 않고서도 리포트의 질을 높일 수 있는 방법이다. 흥미를 끌 수 있는 정도의 생각을 주목할 만한 생각으로, 그럭저럭 괜찮은 리포트에서 최고의 리포트로 탈바꿈시킬 마지막 투자 단계이다.

전문 자문단 꾸리기

전문 자문단의 규모는 과제물의 중요도와 직접적으로 비례한다. 성적의 5%를 차지하는 한 쪽짜리 비평분석 리포트라면 전문 자문단은 작성자 자신만으로 충분하며, 중간 정도 분량의 비평분석 리포트의 경우에는 두 명 정도가 적당하다. 성적에서 큰 비중을 차지하는 학기 말 리포트의 경우에는 신중하게 선별한 여섯 명 정도의 자문단에 검토를 부탁해야 한다.

누가 자문단의 일원이 될 수 있는가? 최우선순위는 바로 교수이다. 초고를 검토해 주지 않는다는 공지를 하지 않은 이상(규모가 큰 수업에서는 토론의 부담을 피하고자 교수들이 이런 공지를 하기도 한다), 면담 시간을 마련해서 개요를 가져가야 한다. 교수에게 대강의 논지와 인용문의 출처를 보이면, 요점을 전달하는 효율적인 방법에 대해 조언해 줄 것이다. 순서를 새로 정해 주거나, 첨가할 요목을 알려 줄 수도 있다. 다트머스대의 데이비드는 "면담은 교수와 관계를 형성하는 데 도움이 되며, 교수가 원하는 바에 대한 실마리를 얻을 기회이기도 하다."라고 언급한다.

그렇다. 우리는 이미 논제의 적절성을 점검하는 단계에서 교수를 만난 적이 있다. 하지만 걱정하지 말자. 리포트를 작성하기 위해서 교수와 두 번 만났다는 사실은 아무런 문제가 되지 않는다. 첫 번째 면담은 리포트의 출발이 괜찮은지를 짧게 확인하는 시간이었고, 두 번째 면담은 현재 리포트가 제대로 진행되고 있는지를 세밀하게 확인하기 위한 시간이다. 리포트 작성 과정에서 일주일에 한두 번 정도로 교수와 자주 만나는 학생들도 있다는 사실을 기억하자. 두 번의 면담 정도는 교수의 시간을 방해하지 않는다.

데이비드는 "똑똑한 친구들의 도움도 받는다."라고도 조언한다. 같은 수업을 듣는 친구들이야말로, 과제에 필요한 부분을 이해하고 있는 최고의 조언자이다. 가까운 친구가 없다면, 도움을 받을 만한 전공 분야 친구의 도움을 받자. 역사학 리포트를 써야 한다면, 공대 친구보다는 문과대 친구가 낫다. 문과대 친구가 이런 형식의 리포트에 더 친숙하기 때문이다.

선택한 각각의 친구와 30분 정도 시간을 잡고 의견을 나누자. 논제를 설명하고, 뒷받침하는 논지를 짚어 가며 개요를 함께 살펴보는 것이다. 친구들은 명확하지 않거나 불필요한 개요를 짚어 줄 것이다. 펜실베이니아대의 올에이 우등생 제이슨은 "자신의 논지가 성립되는 이유를 합리적이고 단계적으로 설명할 수 있고, 논지를 뒷받침하는 데 인용할 자료를 충분히 갖고 있으면 확실히 준비된 것이다."라고 말한다.

물론, 친구들과 의논하기 전에 이러한 협력이 공식적으로 허락되는지 확인해야 한다. 연구조사 리포트에서는 이런 협력이 전혀 문제되지 않지만, 비평분석 리포트는 다른 학생과 논의하지 못하게 하는 교수도 있다.

7단계 / 실질적인 글쓰기 과정 수행에 관한 조언

지금까지 올에이 우등생 전략을 따라왔다면, 최고의 리포트를 작성하기 위한 글쓰기 단계야말로 가장 거칠 것 없는 부분이다. 이 단계는 애매할 것이 없다. 이즈음이면 무슨 말을 써야 할지 분명하므로, 남은 일은 잘 형성된 논지를 명확하게 전달하는 것뿐이다. 다트머스대의 올에이 우등생 제러미는 말한다. "여덟 개의 개요를 완성하면 머릿속이 정리된다. 리포트의 구성은 더 생각하지 않아도 된다. 이제 생각을 잘 정리하는 방법만 고민하면 된다."

그러나 이 책은 글쓰기 기술에 관한 책이 아니다. 글쓰기는 각자가 계발해야 할 기술이다. 일반적으로 평소 글을 많이 써야 좋은 글을 쓸 수 있다. 그러므로 이 기술을 향상시키기 위해서는 과제 외에 많은 글을 써 봐야 한다. 겁먹지 말고, 책상에 놓인《시카고 작문 교본(The Chicago Manual of Style)》과 씨름하거나, 윌리엄 진서의《글쓰기 생각 쓰기(On Writing Well)》 같은 유명한 글쓰기 안내서를 펼쳐 보자. 이런 책들을 공부하면, 유려한 문장으로 명쾌한 리포트를 작성할 수 있다.

이제 여기에서 다룰 이야기는 많이 남지 않았다. 이제 할 일은 독자들도 알고 있을 것이다. 글을 쓰자. 물론 쉽지 않지만, 이전 단계들을 잘 따라왔다면 대부분의 학생처럼 글쓰기의 고통을 느끼지 않아도 된다. 이제 올에이 우등생들의 리포트 작성 방식을 참고해 최고의 리포트를 써 내자. 그 과정으로 인도할 세 가지 간단한 준비 사항을 이야기하겠다.

◎ 글쓰기의 전후 단계를 나눈다

다트머스대의 올에이 우등생 그레타는 다음과 같이 글쓰기 단계에 임한다고 한다. "일정을 계획한다. 예를 들어, 닷새 동안 하루 두 쪽씩을 쓰고, 그다음 하루는 수정하는 식의 계획이 필요하다." 다트머스대의 라이언은 "실제로 글쓰기는 이틀이 걸리지만, 조사 단계는 그 몇 주 전에 수행한다."라고 말한다. 두 학생의 습관은 간단한 규칙으로 귀결된다. 조사와 글쓰기를 분리하고, 글쓰기와 수정 단계를 분리하는 것이다.

분량이 적은 비평분석 리포트의 경우에는 이런 과정이 반드시 유용한 건 아니지만, 연구조사 리포트의 경우에는 중요하다. 한 가지에만 집중할수록 결과가 좋은 법이다. 도서관에서 자료를 조사하느라 고된 아침을 보낸 뒤라면, 바로 글을 쓰기 힘들며, 많은 시간 글쓰기에 집중했다면 바로 수정하기가 힘들다. 다트머스대의 제러미는 말한다. "리포트에서 손을 뗐다가 돌아오면 더 집중할 수 있다."

◎ 조용하고 고립된 장소에서 작성한다

글쓰기에는 고도의 집중력이 필요하므로 소음이 난무한 장소에서는 쓸 수 없다. 따라서 노트북이 있다면, 조용한 건물로 이동해서 글쓰기에 착수하자. 브라운대의 수잔은 "쥐 죽은 듯 조용하고, 외부의 자극이 없는 장소에 있을 때 가장 생산적으로 글을 쓴다."라고 말한다. 앞서 이야기했듯, 가능하면 휴게실이나 붐비는 도서관, 공용 컴퓨터실은 피하는 게 좋다. 방해받기 쉽다. 브라운대의 리얼은 "이런 곳에서는 아는 사람을 만나서 멈출 수 없는 대화를 시작하고 만다."라고 말한다.

노트북이 없다면, 룸메이트가 수업이나 모임에 참석하는 시간을 틈타 기숙사 방의 컴퓨터를 이용한다. 필요하면 조용히 작업할 수 있도록 룸메이트와 시간을 미리 조율할 수도 있다.

그리고 에너지가 최고조로 이르는 때를 고려해 리포트 작성 일정을 짜자. 나는 아침 식사 직후에, 커피 한잔과 함께 일할 때가 가장 효율적이다. 이른 아침이나 저녁 식사 직전, 혹은 늦은 점심 이후가 이런 시간이 될 수 있다. 핵심은, 글쓰기는 대학생에게 가장 부담이 큰(고도의 집중력을 필요로 하는 점에서) 지적 활동일 수 있다는 사실을 인식하는 것이다. 읽기 과제를 하거나 연습문제를 풀거나 공부할 때보다 더 많은 에너지와 집중력을 요구하는 일이 바로 글쓰기이다.

개요에 따라 천천히 진행한다

다트머스대의 크리스는 글쓰기 과정 수행에 관해 간단한 조언을 한다. "작성한 개요를 길잡이로 사용해서 개요부터 한번에 한 문단씩 글을 확장시켜 나간다." 이 조언대로 개요를 따라가며 글을 써 보자.

각 요목을 명확하고 설득력 있게 배치한 다음, 필요한 곳에 인용문을 복사해 붙여 넣자. 그리고 지금 다루고 있는 요목에 집중해 글을 쓰자. 지금은 글의 구조와 뒷받침할 자료는 생각하지 말고, 특정 관점을 명확하고 강력하게 드러내는 데만 집중한다.

다음 항목으로 넘어가기 전에, 지금껏 작성한 부분의 초점이 명확히 읽히는지도 확인해야 한다. 어떤 학생들은 첫 개요 작성 단계를 얼버무리듯 넘어간 뒤에 수정하는 작업을 반복하는데, 이는 비효율적이다. 우리는 구체적으로 작성된 요목을 이용해 글을 쓰는 것이므로, 신중하고도 빠르게 초고를 작성할 수 있다. 무조건 빨리 쓰려고 하면 오히려 시간이 더 지체되어, 궁극적으로 통째로 다시 쓰는 것과 다름없는 일이 벌어질 수 있다.

글쓰기를 겁내지 말자! 이 방법과 단계를 따라가면, 많은 시간을 절약할 수 있다. 밤샘은 평균 성적의 학생들이 하는 일이다. 신속하고 효율적으로 초고를 작성했다면, 이제 좀 쉬자.

8단계 / 리포트의 완성도를 높이기 위한 3단계 수정법

리포트 수정 작업은 매우 중요하며 새삼스러운 일이 아니어야 한다. 맞춤법과 문법 오류가 가득한 과제를 제출해서는 교수를 만족시킬 수 없다. 이런 리포트에 교수는 절대 좋은 성적을 주지 않는다. 논지가 아무리 훌륭하더라도 기본적인 실수를 눈감아 주기는 어렵다. 과제 작성 과정의 마지막 단계는 과제의 완성도를 높이기 위한 것이다.

동시에 수정 작업에서 진을 빼는 것도 금물이다. 많은 학생이 수정 작업에 지나치게 열을 올리고, 반복해 검토하며 긴 시간을 보낸다. 이런 학문적 자학 행위는 규모가 큰 연구조사 리포트를 쓸 때 흔히 발생하며, 논지의 걸작을 만들어 내는 데 혼신의 힘을 다하고 나면, 막상 품을 떠나보내기가 쉽지 않다. 조금 청승맞은 듯싶지만, 변형된 스톡홀름 증후군(인질범에게 동정과 연민을 느껴, 정신적으로 인질범과 동화되는 현상-역주)이랄까. 이 얼마나 성가신 일인가. 브라운대의 프랭크는 "과제란 아무리 수정을 거듭해도 만족하기 어려운 법이다. 그러니 일단 그놈을 출력했다면, 그냥 운명에 맡긴다."라고 말한다. 여기서 목표는 과제의 종류와 관계없이, 불쑥 튀어나오는 오자나 탈자, 구조적인 혼란을 뿌리 뽑고, 문법에 지나치게 집착하지 않아도 되는 시스템을 만드는 것이다. 올에이 우등생들과의 인터뷰를 통해 얻은 노하우를 바탕으로, 이 단계에서는 이런 요구 사항을 충족시킬 시스템에 대해 설명하겠다. 이 시스템에는 초고를 훑어볼 때 거칠 세 가지 간단한 단계가 포함된다. 그 이상도 이하도 아니다.

물론 교정을 맞춤법 검사 키 하나만 누르면 되는 일로 여기는 사람에게는, 이 단계가 더 없이 길게 느껴질지 모르겠다. 그러나 이 시스템은 분명히 효율적이고 확실하다. 곧 이야기하겠지만, 핵심은 단계마다 특정 부분을 주의 깊게 살피는 것이다. 다음은 그 세 단계이다.

논지 수정 단계

과제 수정의 첫 번째 단계는 컴퓨터에서 이뤄진다. 작성된 글을 주의 깊게 읽으며 논지가 잘 드러나는가에 집중한다. 이때는 자잘한 문법적 오류는 신경 쓰지 않고, 한 번에 한 단락씩 검토한다.

검토하다가 어색한 표현이 발견되면 고쳐 쓰고, 앞서 설명한 내용이 반복해서 나오면 망설이지 말고 삭제한다. 그리고 논지가 구체적이지 않으면 요점을 제대로 설명하기 위해 필요한 문장들을 추가한다. 주제 간, 단락 간의 연결성이 부족할 때도 내용을 추가하여 연결을 매끄럽게 한다. 글의 구조적인 부분에 결함이 있는지도 확인한다. 간혹, 전체적으로 살펴보기 전까지는 개요의 부족한 부분을 찾아내지 못하는 경우가 있으니, 글의 주요 부분을 여기저기 살펴보자. 글의 구조를 수정하는 일은 신중해야 한다.

이 수정 작업은 휴식 중에, 여유가 있을 때 하자. 논문처럼 규모가 큰 글은 가능하면 여러 날에 거쳐 수정한다. 이 단계를 마치더라도, 과제에는 여전히 자잘한 오류가 남아 있을 것이다. 괜찮다. 그 부분은 다음에 수정할 것이다. 여기서 목표는 최대한 말하고자 하는 모든 사항을, 원하는 순서로 만족스러울 만큼 배치하는 것이다. 이 단계를 마치면 일단 큰 그림은 완성된다.

소리 내서 읽는 단계

논지 수정만으로는 충분하지 않다. 브라운대의 로버트는 "리포트를 출력해서 읽어 보면 항상 느낌이 다르다."라고 말한다. 다트머스대의 올에이 우등생 멜라니도 "리포트를 출력해서 수정하는 단계가 꼭 필요하다."라고 말한다.

따라서 다음 단계는 리포트를 출력해서 조용한 장소로 가져가는 일이다. 그리고 손에 연필을 들고, 리포트를 소리 내어 읽는다. 꾀부리지 말자. 큰소리로 연설하듯 한 단어 한 단어 또박또박 읽어 보자. 긴 리포트는 부분 부분으로 나누어 읽는다. 끝까지 잘 읽기 위해서 물이나 따뜻한 차를 준비해도 좋다. 건너뛰지 말고 모든 단어를 소리 내어 읽어야 한다.

첫 번째 단계가 논지를 확인하는 게 목적이었다면, 이 단계는 훌륭한 논제 파악을 가로막는 자잘한 오류를 뿌리 뽑는 게 목적이다. 읽으면서 문법적 오류나 어색한 문장이 있으면 출력한 용지에 바로 수정한다. 그런 후 수정 중이던 문단의 처음으로 돌아가 다시 읽어 본다. 이렇게 출력한 문서 전체에 수정할 내용을 표시한 후, 컴퓨터에서 적용한다. 주의할 점은, 이 단계는 생각보다 오래 걸린다는 것이다. 시간을 넉넉하게 계획해야 한다.

이렇게 접근하는 이유는 간단하다. 다트머스대의 라이언은 "소리 내서 읽으면 머릿속으로 읽을 때보다 오자와 탈자, 어색한 문장을 잡아내기 쉽다."라고 말한다. 머릿속으로만 훑어보면 아무리 여러 번 검토해도 어색한 문장을 잡아내기 어렵다. 사람은 자신이 쓴 글을 읽을 때, 자기도 모르게 오류를 건너뛰는 습관이 있기 때문이다. 반면, 소리 내서 읽으면 집중도 되고, 아주 사소한 오류도 귀에 들린다. 다트머스대의 제러미는 "활자로는 문제없어 보이는 부분이 귀로 들었을 때는 어색하거나 부족해 보이는 경우가 더러 있다."라고 말한다. 즉, 글을 소리 내어 읽으면 한 번에 대부분의 오류를 잡아낼 수 있다. 소리 내지 않고 검토하면 이보다 훨씬 여러 번을 반복해야 한다.

◎ 감상 단계

이제 리포트가 거의 완성되었다. 여기까지 두 번이나 리포트를 읽었다. 그러나 당황스러운 실수가 생기는 일을 방지하려면, 제출 전에 빠르게 읽어 보는 이 마지막 단계를 반드시 거쳐야 한다. 이 단계에서는 소리 내어 읽지 않아도 된다. 그러나 출력해서 확인해야 한다. 가능하면 이 단계는 이전의 두 단계와 분리하는 것이 좋으며, 제출일 아침에 잠깐으로도 충분하다. 이때는 글 전체를 뒤

흔들 만큼 큰 실수는 발견되지 않아야 한다.

여기서 목표는 두 가지이다. 하나는, 이미 언급했듯이 아주 자잘한 실수를 잡아내는 것이다. 다트머스대의 올에이 우등생 제러미는 "제출하기 전에 반드시 리포트를 다시 읽어 본다. 그리고 혹시 발견될지도 모를 오류를 모두 없앤다."라고 말한다.

두 번째 목표는 리포트를 마무리하는 것이다. 지금까지 잘 다듬어왔으므로, 이 최종 단계는 기본적으로 막힘없이 진행될 것이다. 따라서 글의 흐름에 확신이 생기고, 완성된 논지가 전개되는 것을 지켜볼 수 있다. 이 단계를 거치면 마음이 안정된다.

이 마지막 단계는 지금껏 수고한 나를 위한 보상이기도 하다. 제출한 리포트를 내가 다시 읽을 일은 없다. 그래서 우리는 이 단계를 감상 단계라고 부른다. 리포트를 제출한 뒤, 이제 확신을 가지고 자신에게 말해 보자. "내가 여기서 정신이 나가지 않는 한, 난 정말 끝내 주는 걸작 리포트를 낸 게 분명해!"

사례 탐구를 통한 올에이 리포트 전략 배우기

올에이 우등생이 어떻게 이 전략을 실천에 옮기는지를 보여주는 두 가지의 상세한 사례 탐구로 이 논의를 마치고자 한다. 첫 번째는 연구조사 리포트를, 두 번째는 비평분석 리포트를 다뤘다. 올에이 우등생들이 이 시스템을 어떻게 과제에 적용하는지 주목하고, 특히 대부분의 학생이 이유 없이 가장 두려워하는 글쓰기 단계에서 어떻게 시간을 줄이는지 살펴보자.

사례 탐구 1. 민디의 미술사 연구조사 리포트

민디의 '초기 미국 미술 수업'에는 기말고사가 없다. 민디가 이 과목을 선택한 결정적 이유였다. 그러나 학기가 끝날 무렵, 민디는 이 선택을 후회했다. 기말고사 대신 30~50장에 이르는, 참으로 무시무시한 장문의 연구조사 리포트가 있었기 때문이다! 게다가 이 리포트의 점수는 최종 학점의 절반가량을 차지한다. 주제는 근대 이전의 미국 화가에 관한 것이라면 무엇이든 상관없다. 교수는 학생 각자가 리포트에서 폭넓고 깊이 있는 논지를 전달하기를 기대한다고 했으며, 일찍 시작하고 열심히 작성하라고 했다. 마감이 닥쳐서 겨우 작성한 리포트는 쉽게 구분되며, 이에 상응하는 형편없는 학점을 받게 된다는 말이었다.

월요일–제출 한 달 전

민디는 마감이 한 달 남았을 무렵에 올에이 우등생 리포트 작성의 첫 단계를 시작하기로 한다. 이 시점에 심도 있는 조사나 글쓰기를 시작할 생각은 없다. 그러기엔 너무 이르다. 대신 크게 힘들 것 없는, 주제 선택과 논제 착상, 교수의 조언 듣기 같은 '사고 단계'에 착수한다.

민디는 강의 노트를 훑어보며, 관심이 가는 주제를 찾는 데에 저녁 30분을 할애한다. 크게 공들이지 않고 쓸 만한 결과를 얻는다. 강의 초반에, 미국에서 망명한 화가인 워싱턴 알스턴에 대해 다루면서, 교수가 알스턴의 작품과 독일의 화가 카스파르 프리드리히의 작품 사이의 유사점을 언급한 바 있다. 한 번도 만나지 않은 두 화가가 연관성이 있다는 것은 아주 흥미로우며, 민디는 이 내용을 노트에 적고 느낌표를 붙인 적이 있다. 혹시 이 신기한 연관성이 리포트의 좋은 주제가 될 수 있을까? 이 점을 분명히 하려면 논제 탐색 과정을 거쳐야겠지만, 일단 시작은 좋다.

수요일–제출 3주 5일 전

생각해 둔 주제와 관련하여 쓸 만한 논문을 찾기 위해 몇 시간을 비워 두었다. 민디는 도서관에 가서 장서 목록 검색을 통해 곧 알스턴의 생애 전반에 관한 논문을 몇 편 찾아냈고, 그중 두 편을 골라 열람실에서 제대로 읽는다. 한 시간 동안 목차를 보며 하나를 골라 읽으며 알스턴의 배경과 생애의 의의에 대해 기본적인 정보를 얻었다.

그러나 논문을 다 읽으려면 시간이 너무 많이 걸린다는 걸 깨닫고, 이제부터는 색인을 훑어보기로 한다. 뜻밖에도 두 논문의 색인에서 카스파르 프리드리히에 대한 항목을 발견한다. 해당 쪽을 넘겨보니 어떤 작가(처음 듣는 이름이다)가 알스턴과 프리드리히 사이의 연관성을 언급했다는 점이 한 문장으로 짧게 언급되어 있다. 민디는 이 문장에 해당하는 참고 문헌으로 가서 초기 낭만주의 화가와 철학을 다룬, 잘 알려지지 않은 책 한 권의 제목을 찾아낸다. 그리고 이 책의 청구 기호를 확인하고 서고로 가서 찾아본다. 성공이다! 이 책의 한 쳅터 전체가 알스턴과 프리드리히에 대한 내용이다. 게다가 여기에는 이들의 두 작품을 비교하고 유사성을 설명한 내용도 곁들여 있다.

민디는 이 부분을 복사하고, 이 책을 인용할 때 필요한 정보들을 기록해 둔다. 그리고 핵심 자료의 복사본을 손에 들고 도서관을 나선다.

금요일–제출 3주 3일 전

미술사 교수의 면담 시간은 매주 금요일 오후이다. 이때가 민디가 쓸 리포트에 관해 조언을 구하기 좋은 시간이다. 그러나 아직 생각을 완전히 정리하지 못했다. 흥미로운 주제를 찾은 것 외에는 큰 진전이 없다. 이를 염두에 두고, 민디는 이번 주 초에 도서관에서 찾은 자료의 복사본을 읽기 위해 오전 한 시간을 비워둔다. 오후 면담 시간 전까지 흥미로운 아이디어를 찾아낼 수 있기를 바라며.

민디는 논문을 주의 깊게 검토하며, 저자의 논지를 깊이 이해하게 되었다. 다행히 이 논문의 논지는 명확하다. 작가는 각 화가의 작품을 살펴본 후, 두 작품에 대해 간략하고도 구체적인 철학적 이론을 제시한다. 다행히 민디가 자신의 논지를 확장시킬 여지도(어떻게 전개될지는 민디도 아직 모르지만) 많이 보인다. 민디는 이미 세워진 논지를 깊이 있고 짜임새 있게 확장하면 자신이 감당할 만한 의미 있는 논제를 고안할 수 있겠다는 생각이 든다.

민디는 이날 수업의 흐름이 느슨해질 때마다 논제의 방향을 제대로 잡기 위해 계속 주제를 음미한다. 그리고 수업이 끝날 즈음에 기발한 생각이 떠오른다. 그녀가 찾은 자료는 알스턴과 프리드리히의 철학적 유사점을 설명하고 있다. 그러나 여기에는 이들이 그 철학을 따랐던 이유에 대한 설명이 없다. 만일 두 작가가 공유한 철학적 관심사에 대한 일반적인 자료를 찾아낸다면 멋진 논지를 만들 수 있다!

이날 오후, 민디는 면담 시간에 교수를 찾아가서 논제에 대한 아이디어를 설명한다. 여기서 핵심 단어는 '아이디어'이다. 이 방향이 좋은 결과로 이어질지는 아직 모른다. 두 화가의 공통된 철학적 관심사를 설명할 만한 정보를 찾지 못하고 끝날 수도 있다. 논제를 고민할 때 자주 있는 일이지만, 초기 단계에서는 항상 이런 위험이 존재한다. 그러나 교수와의 면담은 이 위험을 크게 줄여준다. 교수는 깊은 지식과 경험을 바탕으로, 특정 논제에 대한 아이디어의 가치를 합리적 직감으로 판단해 줄 수 있고, 이를 통해 혹시 생길지 모르는 실망스러운 교착 상태를 피할 수 있게 해줄 것이다. 다행히 교수는 이 논제를 마음에 들어 한다. 그는 연관성에 관한 증거를 찾을 수 있을 거라며, 알스턴과 프리드리히에 대한 유명한 책과 논문 몇 편을 소개해 준다.

일요일–제출 3주 1일 전

민디는 교수가 추천한 목록을 들고 다시 도서관으로 향한다. 지루함을 달래기 위해 아이팟으로 음악을 들으며, 추천 받은 책 중에서 관련 챕터를 찾아 복사한다. 시간이 꽤 걸렸지만, 단순 작업이므로 그다지 힘들지 않다.

늦은 저녁, 민디는 새로 마련한 논문의 개인 복사본들을 챙겨, 좋아하는 장소 중 한 곳으로 간다. 이곳에서 민디는 각 복사본을 훑어보며 메모한다. 정확히 무엇을 찾아야 할지는 모르겠지만, 정보를 많이 수집하고, 복사하고, 표시할수록 나중에 도움이 될 것이다.

얼마 후 민디는 알스턴 관련 서적에서 계속해서 같은 이름이 등장한다는 사실을 알아차린다. 사무엘 테일러 콜리지라는 사람으로, 알스턴에게 큰 영향을 준 듯한 유럽의 젊은 작가이자 사상가이다. 민디는 프리드리히 관련 자료에 콜리지가 등장하는지 찾아보지만 아무런 소득이 없다. 그렇다고 실망하지 않는다. 이 과정에서 프리드리히와 그 당시 몇몇 유럽 철학 사조의 관련성을 찾았기 때문이다. 이 중 하나와 콜리지 사이에 어느 정도 연관성이 드러날 가능성이 크다.

그런 사실에 관심이 간 민디는 도서관 홈페이지에 접속한다. 교수는 강의 시간에 미술사와 관련된 학술지를 검색할 수 있는 학술 논문 검색 사이트를 알려 준 적이 있다. 민디는 이 홈페이지에 들어가서 프리드리히와 콜리지를 포함한 여러 주제어로 검색을 시작한다. 검색 결과를 몇 번 걸러내니 민디가 찾던, 프리드리히를 비롯하여 그가 독일에서 함께 활동한 화가들에 대한 논문이 나온다. 이 논문의 초록을 살펴보니 콜리지가 그 화가들의 사상에 영향을 미친 철학자 중 하나라는 언급이 있다.

연관성이 발견되었다! 민디는 이 논문을 출력해서 추후 인용할 때 필요한 모든 정보를 첫 장에 기록한다.

월요일부터 일요일–제출 3주 전

신이 난 민디는 '잃어버린 연결고리 콜리지'라는 새로운 논제를 교수에게 이메일로 설명한다. 교수는 이 논제를 마음에 들어 하고, 어떤 논지를 추가해야 이 논제에 설득력이 더해질지 조언한다.

논제가 검증되고, 논지에 설득력을 더하는 데 필요한 자료가 추가되자, 리포트를 완성하기까지 대략적인 계획을 세울 수 있게 되었다. 다음 한 주 동안은 조사를 계속할 계획이다. 그다음 주에는 이야기를 전개하고, 개요를 작성하며, 논지에 대해 최종 조언을 구하려고 한다.

이렇게 하면 주제에 대한 상세한 개요를 가지고 수십 쪽짜리 논리 정연한 글을 쓰는 데 딱 일주일이 남을 것이다. 계획대로라면 매일 리포트를 작성할 필요도 없고, 두 시간 이상 리포트에만 매달릴 날도 거의 없으므로 합리적인 계획이라 할 수 있다. 바쁜 일상에 리포트 과제 작성 과정을 끼워 넣을 수 있을 것이다.

올에이 우등생 접근법에 따라 민디의 자료 찾기 주간은 순조롭게 진행된다. 민디는 도서관에 갈 때마다 평균 한두 시간을 들여 두세 가지 자료를 확보하고, 복사해서 출처와 메모를 남긴다. 이렇게 민디는 주중에 세 번, 일요일에 한 번 도서관에 다니며 상당한 양을 메모했다.

아직은 이 많은 자료를 어떻게 수합할지는 크게 신경 쓰지 않아도 된다. 바로 다음 단계에 할 일이기 때문이다.

월요일부터 일요일-제출 2주 전

이제 신나는 단계가 왔다. 민디는 한 손에는 설득력 있는 논제를, 다른 한 손에는 논제와 관련된 자료에 메모가 더해진 개인 복사본 한 묶음을 갖고 있다. 이제 어떻게 이를 합쳐서 그럴듯한 이야기로 엮어낼지 고민할 차례이다.

사실 여기에는 딱히 답이 없다. 깊이 있는 사고 과정이 필요할 뿐이다. 민디도 그렇게 한다. 이번 주에는 여러 시간 캠퍼스를 산책하며 논지를 곱씹는다. 청중 앞에서 논제를 설명하는 자신의 모습을 상상한다. 종종 다시 자료를 들춰보며 사용할 정보에 대한 기억을 상기하고, 지속적으로 지적 호기심을 불태운다. 심지어 몇 번은 룸메이트에게 지금까지 전개한 아이디어를 들려 주기까지 했다. 이렇게 금요일이 되자, 이야기의 전개 방향에 대한 꽤 괜찮은 아이디어가 나왔다(논제를 정하는 단계에서 얻은 첫 자료의 개략적인 내용에서와 같이).

알스턴과 프리드리히 작품 간의 철학적 연관성을 설명한 다음, 이 철학이 어떻게 콜리지의 철학에 부합하는지 설명하고, 콜리지와 두 화가 사이의 주목할 만한 연관성을 각각 제시할 것이다.

이날 오후, 민디는 이 세 가지 주제에 따라 복사본을 분류한다. 그리고 면담 시간을 한 번 더 활용한다. 이번에는 교수에게 구체적인 논지를 설명하고, 논지를 뒷받침할 자료를 제시할 것이다. 교수는 여전히 이 논지를 상당히 마음에 들어 하는 듯하며, 논지를 강화할 방법을 몇 가지 조언한다.

민디는 교수의 조언을 염두에 두고, 주말 동안 요목의 개요를 작성한다. 자료에서 많은 인용문을 발췌해 개요에 삽입해야 하므로 시간이 꽤 걸린다. 그러나 부담되지는 않는다. 지난주 내내 논지를 구상하는 데에만 에너지를 썼기 때문이다. 아직 기진맥진해지지는 않았다. 일요일 오후, 민디는 자료에서 찾은 여러 개의 인용문을 넣어서 글로 작성할 때 편리하게 이용할 만한 개요를 만든다.

그러나 글로 옮기기 전에 다른 의견을 더 듣고 싶다. 이날 오후, 민디는 같은 수업을 듣는 친구 두 명을 만나 리포트 아이디어에 대해 토론하기로 한다. 민디는 두 친구가 아직 리포트를 거의 쓰지 못했다는 사실-둘 다 이제 겨우 논제를 찾는 단계였다-에 놀랐지만, 자신의 논지에 대해서는 좋은 의견을 듣는다. 민디는 친구들의 의견을 개요에 반영한다. 이제 리포트의 논지를 탄탄한 구조 안에서 펼칠 수 있다는 확신을 갖고 푹 잘 수 있게 되었다.

월요일부터 일요일–제출 1주 전

민디는 이번 주에 매일 조금씩 글을 써서 주말에 탈고할 것을 목표로 한다. 그러나 글쓰기는 시간이 걸리기 마련이며, 이번 주는 바쁘기까지 하다. 아니나 다를까. 금요일이 되자 초고를 마무리하겠다는 목표에는 이르지 못했다(요목 개요를 상세하게 작성했다면, 중간중간 자료를 조사하며 쓸 때보다 빨리 글을 쓸 수 있다). 제시간 안에 리포트를 탈고하려면, 이번 주말은 글쓰기로 무척 바쁠 것이다.

다가오는 마감의 압박에, 토요일에는 위기 모드에 돌입하여 이른 아침에 캠퍼스 외곽에 위치한 한적한 의학 도서관에 자리를 잡는다. 힘을 돋우는 간식과 따뜻한 커피가 가득 든 보온병을 들고 간 민디는 50분마다 짧게 휴식을 취하며, 줄기차게 글을 써 내려간다.

드디어 초고를 완성한다. 40장짜리의 이 초고는 분량과 깊이가 상당하다. 하지만 탈고를 내일로 미루기에는 석연찮다. 민디는 느긋하게 저녁을 먹고, 컴퓨터 화면에서 '논지 수정 단계'에 돌입한다. 그러나 온종일 글쓰기와 씨름하였으니, 리포트의 3분의 1 정도만 수정하고, 친구들과 시간을 보내기로 한다. 이 정도만이라도 탈고를 해 두었으니, 내일은 더 수월할 것이다.

일요일 아침, 민디는 어제 그만둔 부분부터 수정을 시작해, 점심 무렵에 '논지 수정 단계'를 마쳤다. 이제 어느 정도 모양새가 갖추어졌다. 점심을 먹고, 체육관에서 한 시간 정도 운동을 하고, 친구들과 잠시 시간을 보내며 마음에 여유를 갖는다. 늦은 오후, 민디는 리포트를 출력해 기숙사로 가서 '소리 내어 읽기 단계'를 시작한다. 저녁 식사를 하며 잠시 쉬었다가, 지속해서 이 단계를 계속한다. 저녁 9시가 되어서야 이 단계가 끝난다. 그리고 한 시간 반 정도 수정한 부분을 리포트에 반영한다. 이제 잘 시간이다.

월요일–제출일

월요일 아침, 민디는 '감상 단계'를 마무리하기 위해 한 시간 반 정도 시간을 마련한다. 출력한 리포트를 빠르게 훑어보면서, 고쳐야 할 부분을 몇 군데 찾아낸다. 하지만 이 단계에서 중요한 것은, 리포트에 대한 확신을 얻는 것이다. 모든 단계가 마무리되자, 논지에 대한 확신이 생긴다. 리포트는 깊이 있고, 논지가 분명하다. 이제 교수가 이 리포트를 읽게 될 모습을 상상한다.

드디어 수업 시간이 다가오고, 리포트를 손에 든 민디는 흡족한 표정이다. 민디는 반쯤 감긴 눈으로 비틀거리며 교실로 들어오는 친구들을 조용히 바라본다. 많은 학생에게 이 리포트는 연구조사와 글쓰기를 병행한 마라톤이었을 것이다. 그러나 민디의 리포트는 이 벼락치기의 산물들 속에서 빛을 발할 것이다.

결과

당연한 결과다. 민디의 리포트는 눈에 띄게 뛰어나다. 교수는 'A+' 학점과 더불어 한쪽 가득 칭찬 일색의 평가를 적어 주었다. 중요한 것은 민디는 글을 쓰는데 친구들보다 시간이 적게 들었다는 것이다. 사실 민디는 무슨 말을 써야 할지 정확히 알고 컴퓨터 앞에 앉았으므로, 자판을 두드리며 보낸 시간은 그리 많지 않다.

한 가지 더 중요한 것은, 민디가 의도적으로 장시간 글을 쓰는 일을 피했다는 사실이다. 마감 전날 밤 조금 늦게까지 글을 쓴 것을 제외하고, 민디는 몇 시간 이상을 글쓰기에 매달리지 않았다. 민디는 우수한 A 학점 리포트를 쓰면서도, 균형 있는 생활을 해 나갔다. 이 점이 올에이 우등생 전략의 탁월함이다. 이 전략을 이용하면 학점은 높이고 과정 자체를 위해 들이는 시간은 크게 줄일 수 있다.

사례 탐구 2. 크리스의 영화 수업 비평분석 리포트

앞의 사례 탐구에서 묘사된 한 달 여의 강도 높은 리포트 작성 과정에 이어, 이제 확연히 다른 방법의 리포트 작성 과정을 살펴보려고 한다. 여기서는 상대적으로 단순한 글쓰기 작업인 비평분석 리포트를 다룰 것이다. 구체적으로 우리는 매주 비평분석 리포트를 제출해야 하는 영화 수업을 수강하는 크리스의 이야기를 하게 될 것이다. 이 강의에서는 매주 월요일에 영화 한 편을 함께 시청하고, 이 영화에 대한 몇 가지 읽기 과제를 한 다음, 영화에 대한 자신의 견해와 읽기 과제에서 제시된 견해를 간략하게 비교하고 분석하는 2~5쪽 내외의 비평분석 리포트를 제출해야 한다. 마감은 한 주 뒤 월요일이다.

월요일-제출 1주 전

매주 비평분석 리포트를 제출해야 하므로, 크리스는 시행착오 끝에 바쁜 일정에 거의 영향을 주지 않으면서 과제를 수행하기 위한 리포트 작성 시간표를 만들었다. 그 시간표는 다음과 같다.

월요일에는 강의 계획서에서 집중해서 읽을 읽기 과제를 고른다. 화요일부터 목요일까지 이 읽기 과제를 마치고, 토요일에는 개요를 작성하며, 일요일에는 글쓰기와 수정 단계를 거친다.

이 시간표에 따라, 크리스는 이번 주 강의 계획표를 훑어본다. 서너 가지의 읽기 과제가 있지만, 비평분석 리포트에는 보통 한두 개만 사용해도 충분하다. 크리스는 읽기 과제 중 두 개를 미리 골라, 집중할 부분을 알아둔다. 읽기 자료의 도입부들을 훑어보니 이 영화에 대해 정반대의 결론을 내리는 듯한 두 자료에 관심이 간다. 하나는 영화에 대해 호의적인 글이고, 다른 하나는 비판적인 글이다. 이렇게 분명한 대립 구도가 있으면 짧은 시간 안에 분석을 도출하기가 유리하다.

화요일-제출 6일 전

첫 번째 자료를 모두 읽었다. 책 한 권의 한 쳅터 분량인데, 내용이 다소 복잡하다. 크리스는 PART2에서 설명한 '질문/근거/결론' 형태로 노트북 컴퓨터에 주의 깊게 메모를 남겨 보려고 한다. 그러나 저녁을 먹을 때까지 마치지 못해서, 저녁 늦게 다시 도서관으로 돌아간다. 뭐, 이 정도쯤이야.

수요일-제출 5일 전

두 번째 자료를 읽기 시작한다. 이번에는 가장 에너지가 넘치는 시간대인 오전 두 시간을 통째로 할애한다. 컨디션이 좋아서 계획한 시간보다 일찍 끝난다.

목요일부터 금요일-제출 3~4일 전

이 이틀 동안은 리포트에 대해 생각할 필요가 없다. 목요일에는 그렇지 않아도 신경 쓸 과제가 잔뜩 있다. 그리고 금요일에는 여느 때와 마찬가지로 친구들과 우정을 쌓는 데 오롯이 힘을 쏟는다.

토요일-제출 2일 전

이날 오후에는 읽기 과제에 대한 필기 내용을 출력한다. 습관대로 기숙사에서 내용을 읽은 뒤, 일부러 먼 길로 돌아 도서관까지 걸어가면서 어떻게 내용을 구성할지 고민한다. 크리스는 영화를 호평한 읽기 자료에 동의하기로 마음을 굳힌 터다.

그 자료는 주로 영화의 기술적인 측면에 초점을 맞췄는데, 어떻게 스타크 조명(영화에서 강렬한 명암 구도를 도출하는 데 사용되는 조명 방식의 일종-역주)과 빠른 장면 전환의 결합이 누아르 영화에서 참신한 현대적 장면을 구성하는 데 사용되었는지가 논지에 드러난다. 크리스는 이러한 기술적 측면에도 동의하지만, 영화의 대사가 괜찮았다는 점도 기억한다. 영화를 볼 당시에는 그저 대사가 특이하다고만 생각했는데, 이 자료를 읽고 나니 대사가 독특하게 들린 이유를 알 것 같다. 누아르 영화의 대표적인 특징인 오래된 스타일을 속어와 함께 빠른 속도로 구사되는 현대 뒷골목의 어투와 섞어 놓았기 때문이다. 읽기 과제의 논지에서 이 점을 확장하면 좋을 듯하여, 크리스는 이것을 리포트의 핵심으로 삼기로 한다.

크리스는 도서관 열람실에서 제일 좋아하는 어둡고 구석진 자리로 가서 노트북을 꺼내 대강의 개요를 작성한다. 전형적인 형식을 따를 것이다. 우선, 중점적으로 보기로 한 두 읽기 자료를 간략하게 요약하며 시작한다. 그리고 영화를 비판한 글을 간단히 소개한 뒤, 이 내용이 어느 정도 사실적이기는 하지만 이러한 비판을 불식시킬 만큼 영화의 완성도가 높다는 점을 언급할 생각이다. 그런 뒤 영화를 호평한 자료에서 상세한 내용을 인용한 후, 오래된 것과 새로운 것을 어투를 통해 절묘하게 강화한 점에 관해 자신의 논지를 덧붙일 것이다. 리포트의 마무리는 이 영화가 수작이라는 결론으로 멋지게 끝낼 계획이다. 이 주제의 골자는 다음과 같다.

- 호평 및 비평 요약
- 비평에 대한 인정과 반론
- 호평 중 보다 상세한 내용 요약
- 현대적 장면 구성에 기여한 화법과 관련된 자신의 논지 제시
- 결론

다음으로, 두 읽기 자료에서 주제와 관련된 인용구를 복사한

다. 참고 자료가 두 권밖에 없어서 주의 깊게 읽어도 오래 걸리지 않는다. 다른 할 일이 아직 많지만, 크리스는 30분을 더 들여 소개 부분을 대강 작성한다. 어찌 됐든지 한 문장이라도 미리 써 놓으면 다음 날 시작이 더 수월하다는 것을 알기 때문이다.

일요일–제출 1일 전

전날 밤늦게까지 열린 파티 때문에 늦잠을 잔 크리스는 일어나서 도서관으로 향한다. 늘 하던 대로 일요일 오후는 글을 쓰는 시간이다. 요목 개요와 이미 작성한 소개가 있으니 글쓰기에는 한두 시간밖에 안 걸린다. 크리스는 리포트의 초고를 끝내고 보통 때보다 일찍 저녁을 먹으러 간다.

크리스는 그날 밤 늦게 '논지 수정 단계'를 간단히 마치고, '소리 내어 읽기 단계'를 위해 작성한 리포트를 한 부 출력한다. 몇 쪽짜리에 불과하므로, 이 두 단계를 마치는 데 한 시간도 채 걸리지 않는다. 잠시 텔레비전을 보며 숨을 돌린 뒤, 15분 동안 '감상 단계'에 돌입한다. 이제 끝났다. 완성된 리포트를 출력해 미리 가방에 넣어 둔다.

결과

크리스는 다른 학생보다 읽기 자료와 글쓰기에 시간을 덜 들이고도, A를 받을 것이다. 사고 과정에서 읽기 과정을, 읽기 과정에서 사고 과정을 분리했기 때문이다. 이로써 크리스는 명확하게 표현된, 촘촘한 논지를 마련했다. 그리고 수요일까지 읽기 과제를 마쳤기 때문에 다음 이틀 동안은 머릿속으로 여러 가지 생각을 떠올릴 수 있었다. 따라서 토요일에 개요를 구상할 무렵에는 모든 자료를 충분히 소화한 상태였다.

또한, 크리스는 요목 개요를 작성하고 글쓰기를 시작하기 전에 하룻밤을 더 기다린 덕에, 논지를 더 다듬고(의식적으로든 아니든) 고민할 시간을 벌 수 있었다. 일요일에 컴퓨터 앞에 앉았을 무렵에는 리포트의 핵심 조각들이 여러 날 동안 머릿속에서 반복적으로 검토된 상태였다. 과제를 수행하는 과정에서 논지에 이렇게 많은 정성을 들였으니 당연히 좋은 성적이 나온다.

1단계. 흥미로운 주제를 찾는 법

- 일찍부터 관심이 가는 주제를 탐색하기 시작한다.

2단계. 설득력 있는 논지를 제시하는 논제 탐색법

- 일반적인 자료에서 시작해서 좋은 논제와 관련된 아이디어들이 숨어 있는 보다 구체적인 자료로 옮겨 간다.

3단계. 논제의 적절성 점검법

- 교수가 인정한 후에만 진정한 논제가 탄생한다.

4단계. 체계적인 자료 조사법

- 자료를 찾는다.
- 모든 자료의 개인 복사본을 만든다.
- 자료에 출처와 메모를 남긴다.
- 자료 조사를 마칠지 결정한다(아니라면 처음으로 돌아간다).

5단계. 주목할 만한 논지를 구성하는 법

- 균형 있고 이해하기 쉬운 논지를 구성하는 데 지름길은 없다.
- 올바른 논리를 확립하려면 사고하는 데에 충분한 시간을 들인다.
- 요목 개요 안에서 논지를 풀어간다.
- 자료에서 뒷받침하는 인용구를 골라서 개요에 직접 입력한다.

6단계. 리포트의 질을 높이는 자문단 활용법

- 본격적인 글쓰기 과정 전에 논지의 구성과 이를 뒷받침하기 위한 근거에 대해 같은 과목을 수강하는 친구들이나 그 분야에 익숙한 친구들의 의견을 구한다.
- 비중이 큰 리포트일수록 많은 사람이 검토해야 한다.

7단계. 실질적인 글쓰기 과정 수행에 관한 조언

- 개요에 따라 요점을 명확히 나타낸다.
- 주중에는 석 장 이하로, 주말에는 여덟 장 이하로만 쓴다.

8단계. 리포트의 완성도를 높이기 위한 3단계 수정법

- 견고하게 수정하려면 세 가지 단계를 따른다.

  논지 수정 단계: 논지가 명확하게 드러나는지 확인하기 위해 컴퓨터에 저장된 리포트를 주의 깊게 읽고, 명백한 오류를 수정하며, 흐름상 부족한 부분을 보충한다.

소리 내서 읽는 단계: 리포트를 출력해서 차근차근 소리 내서 읽고, 어색한 문장이나 명확하지 못한 설명을 수정한다.

감상 단계: 마지막으로 리포트를 출력한 후 전체적인 흐름을 확인하고, 혹시 남아 있을지 모를 오류를 수정한다.

맺는 글

"내가 동경하고 존경했던 모든 이는 조화로운 삶을 살았다.
그들은 열심히 공부하고 열심히 즐기는 동시에
여러 가지 활동을 했으며, 매일 밤 충분한 수면을 취했다.
나는 이렇게 하는 것만이 모든 일의 기본이라고 생각한다."

크리스, 올에이 우등생

축하한다! 여러분은 이제 대학 생활의 새롭고 흥미진진한 국면에 접어들었다. 이 책의 모든 내용에 동의하지 않아도 좋다. 중요한 것은 여러분이 이 책을 통해서 두 가지 중요한 사실을 알게 되었다는 사실이다.

첫째는 벼락치기가 비효율적이라는 것이고, 둘째는 적은 시간으로 큰 효과를 내는 공부법을 고안할 수 있다는 것이다. 이런 사실을 알면, 누구보다 뛰어난 학생이 될 수 있으며, 건강과 행복, 친구들과의 관계를 포기하지 않고도 높은 성적을 받을 수 있다. 그러나 나는 한 가지 부탁하고 싶다. 이런 생각을 실행에 옮기고, 많은 이점을 경험한 다음, 이전의 학교생활에 대해 잊지 않았으면 한다.

밤샘하고 충혈된 눈으로 헐레벌떡 도서관으로 뛰어가는 학생이나, 다가오는 마감에 대한 스트레스로 지나치게 예민해진 친구를 만나게 되거든, 부디 그 친구를 옆에 앉히고 그렇게까지 하지 않아도 된다는 사실을 알려 주길 바란다. 공부란 필기 노트를 읽고 또 읽는 일이 아니며, 리포트 작성이란 컴퓨터 자판과 함께 밤을 새워야 할 일이 아님을 알려 주었으면 한다.

공부와 과제는 두려워해야 할 대상이 아니다. 통상적으로 믿고 있는 사실을 잊고, 조금만 실험 정신을 가지고 올바른 안내를 따른다면, 공부는 대학 생활에서 가장 만족스럽고 풍성한 부분이 될 것이다. 이제 여러분은 이런 사실을 안다. 여러분이 알고 있는 사실을 나누길 바란다.

우리 세대는 외부로부터 강요된 삶에 스트레스를 느끼고, 삶의 행로에 대해 더는 환상을 품지 않는다. 우리에게 중요한 교훈은 이것이다. 우리는 이 책에 나오는 방법을 통해 젊은 시절을 관리할 방법을 배우게 된다. 우리는 졸업을 위해서가 아니라, 지식의 새로운 영역을 공부하기 위해, 지적 능력을 키우기 위해, 그 과정을 즐기기 위해 대학생이 되었다는 사실을 세상에 공포한다.

또한, 우리는 졸업 후에 무엇을 하고, 하지 말아야 하는지를 지시하는 전공과 취업 시장에 반기를 든다. 비교할 수 없는 뛰어난 성적을 들고, 졸업 후 어떤 분야가 나에게 가장 큰 만족감을 안겨 줄 것인지를 결정하게 할 흥미롭고 경쟁력 있는 기회를 향해 문을 열 것이다.

이 책은 성적 이야기에 국한되지 않는다. 이 책은 여러분의 인생 여정을 책임지는 것에 관한 이야기이다. 이 여정에 행운이 함께 하길 바라며, 흥미로운 미래를 시작하는 데 이 책이 도움이 되기를 바란다.

감사의 글

시간을 들여 세세한 공부 습관을 이야기해 준 올에이 우등생들에게 깊은 감사를 전한다. 그들은 매우 사려 깊고 통찰력 있게 응답지를 작성해 주었다. 나처럼 그들도 의욕에 불타는 새로운 세대에 나름의 지혜를 전하며 즐거움을 느끼기 바란다.

제이슨 아우어바크, 레이시 벤슨, 로버트 블레어, 크리스토퍼 본호스트, 웬디 브릴, 멜라니 츄, 나탈리 코헨, 존 코윈, 크리스틴 디루시아, 히리시케시 데사이, 닉 듀켓, 라이언 폴리, 크리스 군메이처, 리 호쉬바움, 도리스 황, 앤드류 허들스턴, 션 카스, 수잔 김, 치엔 웬 쿤, 워라섬 쿤디칸사자, 레이첼 로터, 프랭크 레먼, 사이먼 메켄타이어, 비토 멘사, 그레타 밀리건, 리얼 나비츠키, 타이라 올스테드, 아나 파라시케보바, 데이비드 페런튜, 데이비드 필립스, 제러미 프레서, 조나단 사르, 임란 샤리, 가우라브 싱하니아, 로라 스몰리건, 리디아 스미스, 수잔 스미스, 제나 스타인하우어, 루카츠 스트로젝, 매슈 스웨트남, 제임스 톰직, 스리고우리 비자야쿠마르, 존 웰

시 2세, 그레첸 자이글러의 도움을 받았다.

덧붙여, 내 대리인 로리 에브커마이어와 편집자 앤 캠벨의 지치지 않는 노력이 없었더라면 이 일은 불가능했을 것이다. 두 사람은 요즘 대학생들의 특징과 희망, 꿈에 관하여 끊임없이 진화하고 강화되는 내 주장을 묵묵히 들어주며, 의미 있는 조언을 찾아서 명확히 표현하고자 하는 내 일을 한결같이 되새겨 주었다. 또한 내 동반자이자 영감이 되는 줄리에게도 감사를 전한다. 그녀의 흔들림 없는 지지와 인내가 없었더라면 이 작업을 절대 완성할 수 없었다.

옮긴이의 글

번역자로서 이 책을 처음 읽었을 때 느꼈던 점은 저자 뉴포트의 열정이었습니다. 뉴포트는 대학 안팎에서 이루어지는 해야 할 일과 하고 싶은 일을 단 하나도 놓치지 않기 위해 머릿속에 큰 그림을 그리며 촘촘히 시간을 계획하고 움직이는 법을 말하고 있었습니다. 마치 저에게 야무진 친구가 생긴 느낌이었습니다. 이런 의미에서 독자들이 이 야무진 친구의 조언을 조금 더 의미 있게 활용할 수 있도록 몇 가지 간단한 설명을 덧붙이고자 합니다.

우선, 이 책의 원제는 'How to Become a Straight-A Student'입니다. 뉴포트는 아이비리그로 통칭하는 미국 내 명문대들에서도 가장 우수한 학생들로 이뤄진 '파이베타카파'의 일원으로, 역시 파이베타카파에 속한 전과목 A 학점 친구들(Straight-A Students)을 대상으로 공부법에 대한 설문을 진행합니다. 그리고 그 응답들 가운데 영리하고 효율적인 공부법이 드러나는 것만을 고르고 정리하여 이 책을 씁니다. 즉, 이 책은 '실제' 우등생들이 사용했던 '현실적인' 공부법에 관한 책입니다.

다음으로, 이 책은 대학에서 좋은 성적을 받는 데 필요한 세 가지, 즉 '시간 관리, 시험, 과제'에 관해 다룹니다. 미국과 우리나라의 대학 생활은 차이가 있고 학점으로 이어지는 평가 방식도 다르기 때문에 적용법은 얼마든지 달라질 수 있습니다. 실제로 뉴포트는 책에 담긴 방법을 실천하는 과정에서 '실험'을 망설이지 말라고 조언합니다. 그리고 세 번째 부분에서 다루는 리포트 작성 전략은 대학생뿐 아니라 글을 써야 하는 모든 학생과 직장인도 그대로 믿고 따라가 볼 만 합니다. 뉴포트는 과제를 'critical analysis essays'와 'research papers'로 나누어 작성 전략을 제시합니다. 저는 이 두 가지를 각각 '비평분석 리포트'와 (소)논문 격인 '연구조사 리포트'로 옮겼습니다. 비평분석 리포트는 비교적 짧은 글을 요구하는 과제로, 자료 조사보다는 비판적 사고가 바탕이 되는 글을 쓸 줄 알아야 합니다. 연구조사 리포트는 비교적 길이가 긴 글을 요구하는 과제로, 자료 조사가 뒷받침되어야 글을 쓸 수 있습니다. 글쓰기 과제에 관한 내용이지만, 여기서는 쓰기 자체보다는 그 전후에 필요한 일들을 과정 과정으로 정리하여 쓰기에 대한 부담을 덜어내고 쓰는 법을 가르쳐 줍니다. 과제 제출일 전날 밤마다 텅 빈 컴퓨터 화면 앞에서 "어쨌든 내일이면 끝날 거야."를 외치는 사람이라면 부디 이 똑똑한 해결책을 따라가 보길 바랍니다.

마지막으로, 뉴포트는 대학에서 시간과 시험, 과제를 관리함으로써 젊은 시절을 관리할 방법을 배우게 되리라고 합니다. 그리고 알찬 대학 생활을 통해 삶의 새로운 문들을 열어나가도록 당부하지요.

대학 시절 제 별명은 '걱정아'였습니다. 공부할 때는 놀지 못해 안달하고, 놀 때는 공부하지 못해 안달하며, 걱정에 걱정을 더하던 저에게 한 친구가 제 이름 '김정아'와 닮은꼴로 붙여 준 별명입니다. 대학에서 첫 해를 걱정만 하며 이렇다 할 재미를 느끼지 못하고 보내버린 후, 저는 무작정 휴학을 했습니다. 공부를 뺀 나머지 것들을 해보자 싶어 아르바이트를 해서 번 돈으로 봉사활동을 떠났습니다. 가족이 말할 수 없이 그리웠지만, 다양한 사람을 만나며 1분 1초가 아깝게 발로 뛰다 보니 차츰 순간순간이 즐거워지고 편안해졌습니다.

그리고 2년 뒤 돌아간 학교는 재미있는 곳이 되어 있었습니다. 세상을 조금 알고 나니 학교는 더없이 평화롭고 한적한 놀이터

같았지요. 4학년 1학기부터는 오전으로 수업을 몰아서 듣고, 나머지 시간에는 등록금을 마련하기 위해 학교 근처에서 일을 했습니다. 틈틈이 과제를 하고, 퇴근 후에는 학교로 가서 남은 부분을 마무리했습니다. 그러다 보면 제출일보다 과제를 일찍 끝내는 날도 있었습니다. 그러면 그냥 학교에 있는 것이 좋아서 책을 들고 학교 도서관에 가거나 캠퍼스를 산책을 했고, 주말에는 신나게 데이트도 했습니다. 분명히 전보다 시간이 빠듯했는데 더 많은 일을 하고 더 좋은 성적을 받았습니다. 물론, 저는 더 이상 걱정아가 아니었습니다.

이 책을 처음 받아들고 읽어 나가면서, 대학교 4학년 그 바쁘고 정신없던 시절이 그렇게 넉넉했던 이유를 알 것 같았았습니다. 해야 할 일을 조금씩 나누어 계획하고 실천하다 보니 하루에 대한 부담이 덜했고, 시간의 작은 조각들을 소중히 여기자 시간이 제 편이 된 것입니다. 올에이 우등생 전략이 빛을 발하는 이유는 같은 맥락일 것입니다. 삶의 순간들을 즐기며 공부와 일, 여가의 주인이 되면 더는 상황에 휘둘리지 않을 것입니다.

이제 아이가 둘인 아줌마가 되었지만, 학교를 생각하면 여전히 설렙니다. 그럴 때면, 선선한 바람이 불기 시작하는 해질녘에 책

한 권을 들고 학교에 가는 저를 상상합니다. 공연을 준비하는 어느 밴드 동아리의 드럼과 기타 소리를 들으며, 농구하는 한 무리 학생들을 지나 도서관으로 가는 겁니다. 이 책을 읽는 독자 분들도 그런 설렘을 마음속에 담아보길 바랍니다. 더 열심히 공부하고 더 신나게 놀며, 시간과 삶의 주인이 되는 넉넉하고 여유로운 설렘을 말이죠.

책을 다시 읽으며 저에게도 쓸모 있는 조언들이 보일 때마다 탄성이 나왔습니다. 어느 때고 저의 호들갑스러운 탄성에 추임새를 잊지 않는 남편과 아이들에게 감사를 전합니다.

김정아